한 권으로
끝내는 초등영어
리스닝

Happy House

지은이 정효준, 이수빈
펴낸이 정규도
펴낸곳 Happy House

초판 1쇄 발행 2024년 7월 24일

편집 유나래, 허윤영
디자인 최예원
조판 최영란
이미지 Shutterstock

다락원 경기도 파주시 문발로 211
내용문의 (02) 736-2031 내선 523
구입문의 (02) 736-2031 내선 250~252
Fax (02) 732-2037

출판등록 1977년 9월 16일 제406-2008-000007호

ISBN 978-89-277-0180-4 63740

www.ihappyhouse.co.kr　*Happy House는 다락원의 임프린트입니다.
www.darakwon.co.kr

초등영어 핵심 표현 **50일** 딕테이션 훈련

한 권으로 끝내는 초등영어 리스닝

Listening!

정효준·이수빈 지음

Happy House

머리말

영어 듣기, 어떻게 하면 잘할 수 있을까요?

여러분, 안녕하세요. 쭌쌤이에요.

영어 공부를 하면서 학생들이 가장 힘들어 하는 영역이 바로 영어 듣기입니다. 단어를 잘 알고 있는 학생들과 책에 써진 영어를 잘 읽는 학생들도 막상 영어 문장을 들으면 무슨 의미인지 잘 이해하지 못하는 경우가 많거든요.

초등 영어 진단평가에서는 듣기평가 문제가 70% 가까이 차지할 정도로 비중이 높아요. 그만큼 초등 영어 교육과정에서 영어 듣기가 중요하다는 의미예요. 무엇보다 중고급 영어 레벨로 나아가려면 영어 듣기를 잘해야 합니다.

그렇다면 영어 듣기를 잘하려면 어떻게 공부하는 것이 좋을까요? 바로 **1)다양한 유형의 문장**을 **2)반복적으로 듣는 것**이 가장 효과적인 방법입니다.

〈한 권으로 끝내는 초등영어 리스닝〉에는 2022 개정 영어과 교육과정에서 강조하는 핵심 표현과 초등 영어 교과서에 자주 등장하는 필수적인 영어 문장을 모두 담았습니다. 또한 이러한 영어 문장들을 어려움 없이 듣고 이해할 수 있도록, 아래와 같이 단계적으로 구성되어 있습니다.

★ 1단계: 핵심 단어 듣고 따라하기
★ 2단계: 핵심 문장 듣고 받아쓰기
★ 3단계: 단어와 문장이 활용된 대화 듣고 문제 풀기
★ 4단계: 대화 다시 들으면서 받아쓰기

이처럼 책에 있는 단계를 차근차근 밟아 나가다 보면 어느새 귀가 열리고 다양한 영어 단어와 문장을 응용할 수 있게 될 거예요. 특히 **받아쓰기(Dictation)**는 영어 리스닝 실력을 키우는 데 있어서 아주 효과적인 훈련 방법이에요. 원어민의 발음에 익숙해지면서 청취력이 향상되고, 단어를 받아쓰면서 어휘력도 강화될 수 있거든요. 하루에 한 유닛씩, 50일 동안 영어를 듣고 받아쓰는 과정을 통해 여러분의 영어 실력은 눈부시게 성장할 수 있습니다.

사실 영어 듣기를 잘할 수 있는 특별한 비법은 따로 없어요. 우리의 두 눈을 의심하게 하는 멋진 마술의 비밀은 마술사의 초능력이 아니라, 수많은 연습을 한 마술사의 숨은 노력이랍니다. 이 책을 펼친 오늘부터 여러분의 영어 마술은 시작되었어요.

여러분 모두가 영어 듣기의 전문가가 되길 바랍니다!

꾼쌤

구성과 활용법

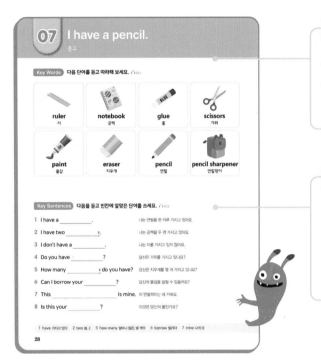

Key Words

초등 영어 교과 과정에서 제시하는 핵심 단어를 주제별로 정리했습니다. 듣고 따라 말하면서 단어를 먼저 익히세요.

Key Sentences

배운 단어가 활용된 초등 영어 교과서 필수 문장을 듣고 받아쓰는 활동입니다. 복수형처럼 단어의 형태가 바뀌는 경우에는 힌트를 제공했습니다.

스마트폰으로 QR코드를 찍으면
원어민 음성을 들을 수 있어서 편리해요.

Listening Quiz

학습한 단어와 문장으로 이루어진 대화를 듣고 문제를 풀어 보세요. 내용을 제대로 이해했는지 확인할 수 있는 다양한 문제가 제시됩니다.

Dictation

다시 들으면서 빈칸에 알맞은 단어를 받아쓰세요. 두세 번 반복해서 들으면서 받아써도 좋습니다. 전체 스크립트와 해석은 책 뒤쪽에 있어요.

새로 나왔거나 어려운 어휘가
정리되어 있어요.

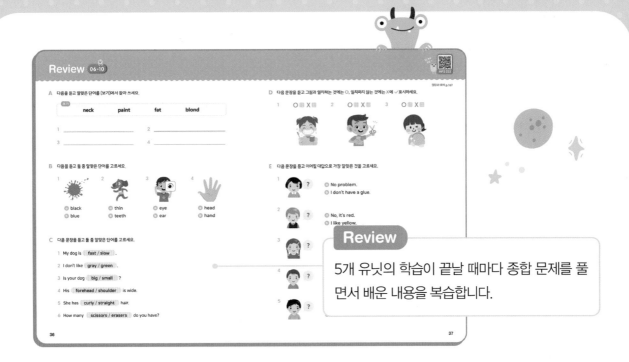

Review 06-10

A 다음을 듣고 알맞은 단어를 [보기]에서 찾아 쓰세요.

보기
| neck | paint | fat | blond |

1 _____   2 _____

3 _____   4 _____

B 다음을 듣고 둘 중 알맞은 단어를 고르세요.

1 ⓐ black ⓑ blue
2 ⓐ thin ⓑ teeth
3 ⓐ eye ⓑ ear
4 ⓐ head ⓑ hand

C 다음 문장을 듣고 둘 중 알맞은 단어를 고르세요.

1 My dog is   fast / slow .
2 I don't like   gray / green .
3 Is your dog   big / small ?
4 His   forehead / shoulder   is wide.
5 She has   curly / straight   hair.
6 How many   scissors / erasers   do you have?

D 다음 문장을 듣고 그림과 일치하는 것에는 O, 일치하지 않는 것에는 X에 ✓표시하세요.

1 O☐ X☐   2 O☐ X☐   3 O☐ X☐

E 다음 문장을 듣고 이어질 대답으로 가장 알맞은 것을 고르세요.

1 ⓐ No problem.
  ⓑ I don't have a glue.
2 ⓐ No, it's red.
  ⓑ I like yellow.
3 ?
4 ?
5 ?

Review

5개 유닛의 학습이 끝날 때마다 종합 문제를 풀면서 배운 내용을 복습합니다.

Learn More 주변의 다양한 물건

☆ 집에서 볼 수 있는 것

window 창문   door 문   television(TV) 텔레비전

mirror 거울   clock 시계   sofa 소파

bed 침대   table 테이블, 식탁   desk 책상   chair 의자

Learn More

추가로 알아 두면 좋은 표현이나 학습에 도움이 되는 문법 사항을 정리했습니다.

1회 영어 듣기평가 모의고사

01 그림을 보고, 이어질 대답으로 가장 알맞은 것을 고르시오. (　)

① 🎧 ② 🎧 ③ 🎧 ④ 🎧

02 대화를 듣고, 사진 속 사람이 누구인지 고르시오. (　)

① 남자아이의 이모
② 남자아이의 어머니
③ 남자아이의 누나
④ 남자아이의 사촌

03 대화를 듣고, 여자아이가 어느 나라 출신인지 고르시오. (　)

① 미국   ② 이탈리아
③ 캐나다   ④ 호주

04 대화를 듣고, 두 사람이 가장 좋아하는 과목을 바르게 짝 지은 것을 고르시오. (　)

①	수학	음악
②	수학	체육
③	체육	수학
④	체육	음악

05 대화를 듣고, 두 사람이 점심으로 먹을 음식을 고르시오. (　)

① ② ③ ④

영어 듣기평가 모의고사

학습한 내용을 종합적으로 테스트해 보세요. 진단평가 문제 유형에 맞춰 개발되었기 때문에 실제 듣기평가 시험에도 대비할 수 있습니다.

[MP3 파일] 무료 다운로드 ⬇ 해피하우스 홈페이지 (www.ihappyhouse.co.kr)

01 Hello.
인사

Key Words 다음 단어를 듣고 따라해 보세요. 🎧001

morning
오전, 아침

afternoon
오후

evening
저녁

night
밤

hello
안녕, 안녕하세요

how
어떤 상태로, 어떻게

good
(상태·기분이) 좋은

bad
(상태·기분이) 나쁜

Key Sentences 다음을 듣고 빈칸에 알맞은 단어를 쓰세요. 🎧002

1 _____.   안녕하세요.

2 _____ are you today?   오늘은 상태가 어때요?

3 I'm _____.   나는 상태가 좋아요.

4 I'm not so _____.   나는 상태가 그다지 나쁘지 않아요.

5 Good _____.   안녕하세요. (오전 인사)

6 Good _____.   안녕하세요. (오후 인사)

7 Good _____.   안녕하세요. (저녁 인사)

8 Good _____.   안녕히 가세요. / 안녕히 주무세요. (밤 인사)

2 today 오늘   4 not so 그다지 ~않은

12

공부한 날 :　　　　월　　　　일

정답과 해석 p.162

Listening Quiz 다음 대화를 듣고 질문에 답하세요. 🎧003

A   두 사람이 인사를 나누고 있는 때가 언제인지 고르세요.

 ⓐ 9:00

 ⓑ 13:00

 ⓒ 19:00

B   내용과 일치하는 것에는 ○, 일치하지 않는 것에는 X에 ✓ 표시하세요.

1   남자아이는 오늘 상태가 나쁘다.　　　　○　X

2   여자아이는 상태가 그다지 나쁘지 않다.　　　○　X

Dictation 대화를 다시 들으면서 빈칸을 채워 보세요. 🎧003

> G   Good _____, Jinho.
>
> B   _____ _____, Susan.
>
> G   _____ are _____ today?
>
> B   I'm _____ _____ about you?
>
> G   I'm _____ so _____.

★ How about you? 너는 어때?

13

02 I'm excited.
기분과 상태

feel
(기분을) 느끼다

happy
행복한

sad
슬픈

angry
화난

great
아주 좋은, 훌륭한

sick
아픈

tired
피곤한

excited
신난, 흥분한

Key Sentences 다음을 듣고 빈칸에 알맞은 단어를 쓰세요. 🎧005

1 I'm _____.   나는 신나요.

2 I'm not _____.   나는 슬프지 않아요.

3 My mom is very _____.   우리 엄마는 아주 행복하세요.

4 Are you _____?   당신은 아픈가요?

5 You look _____ today.   당신은 오늘 피곤해 보여요.

6 Why are you _____?   당신은 왜 화가 났어요?

7 How do you _____ today?   오늘 당신은 기분이 어때요?

8 I feel _____.   나는 기분이 아주 좋아요.

---

3 my 나의 mom 엄마 very 아주, 매우   5 look ~하게 보이다   6 why 왜

14

정답과 해석 p.162

Listening Quiz 다음 대화를 듣고 질문에 답하세요. 🎧006

A 여자아이의 기분을 잘 나타낸 그림을 고르세요.

ⓑ

ⓒ

B 내용과 일치하는 것에는 ○, 일치하지 않는 것에는 X에 ✓표시하세요.

1 남자아이는 오늘 피곤하다. ○◼ X◼

2 남자아이의 엄마는 아프다. ○◼ X◼

Dictation 대화를 다시 들으면서 빈칸을 채워 보세요. 🎧006

> *B* Mina, you _____ _____ today.
>
> *G* Yes, I'm very _____. _____ do you _____ today?
>
> *B* I'm _____.
>
> *G* _____ are you _____?
>
> *B* My mom _____ _____.
>
> *G* Oh, that's too bad.

★ Yes. 응, 그래. (긍정의 대답) That's too bad. 정말 안됐구나. (위로의 말)

03 My name is Minho.

자기소개

Key Words 다음 단어를 듣고 따라해 보세요. 🎧007

what
무엇

nice
좋은, 반가운

glad
기쁜

meet
만나다

introduce
소개하다

name
이름

student
학생

elementary school
초등학교

Key Sentences 다음을 듣고 빈칸에 알맞은 단어를 쓰세요. 🎧008

1 Let me _____ myself. 저를 소개하겠습니다.

2 _____ is your name? 당신의 이름은 무엇인가요?

3 My _____ is Minho. 내 이름은 민호예요.

4 Are you a _____? 당신은 학생인가요?

5 _____ to meet you. 만나서 반가워요.

6 _____ to meet you. 만나서 기뻐요.

7 Nice to _____ you, too. 나도 만나서 반가워요.

8 I'm an _____ school student. 나는 초등학생이에요.

---

1 let ~하게 하다 myself 나 자신 7 too ~도 역시, 또한

정답과 해석 p.162

Listening Quiz　다음 대화를 듣고 질문에 답하세요. 🎧009

A　대화 상황에 어울리는 그림을 고르세요.

ⓐ

ⓑ

ⓒ

B　내용과 일치하는 것에는 ○, 일치하지 않는 것에는 X에 ✓표시하세요.

1　여자아이의 이름은 유진이다.　　　○▨　X▨

2　남자아이는 초등학생이다.　　　　○▨　X▨

Dictation　대화를 다시 들으면서 빈칸을 채워 보세요. 🎧009

G _____ me _____ myself. _____ _____ is Yujin.

What is _____ _____?

B My _____ _____ David.

G _____ to _____ you, David.

B Nice _____ meet you, _____.

G Are you an _____ school _____?

B _____, I am.

04 I can dance very well.
할 수 있는 일

Key Words 다음 단어를 듣고 따라해 보세요. 🎧010

can
~할 수 있다

dance
춤추다

cook
요리하다

jump
점프하다

speak
말하다

skate
스케이트를 타다

ski
스키를 타다

swim
수영하다

Key Sentences 다음을 듣고 빈칸에 알맞은 단어를 쓰세요. 🎧011

1 I can _____ pasta.   나는 파스타를 요리할 수 있어요.

2 I can _____ English.   나는 영어를 말할 수 있어요.

3 Can you _____?   당신은 점프할 수 있나요?

4 Yes, I _____.   네, 나는 할 수 있어요.

5 I can _____ very well.   나는 춤을 아주 잘 출 수 있어요.

6 I can't _____.   나는 스케이트를 못 타요.

7 I can't _____ at all.   나는 수영을 전혀 못 해요.

8 Let's _____ together.   함께 스키를 타요.

---

1 pasta 파스타   2 English 영어   5 well 잘   6 can't ~할수 없다   7 at all 전혀   8 let's (우리) ~하자 together 함께

정답과 해석 p.163

Listening Quiz 다음 대화를 듣고 질문에 답하세요. 🎧012

A 남자아이와 여자아이가 둘 다 할 수 있는 일을 고르세요.

ⓐ 　　ⓑ 　　ⓒ

B 내용과 일치하도록 둘 중 알맞은 단어를 고르세요.

1 Mia can't 　**ski / swim**　.

2 Junho 　**can / can't**　 skate.

Dictation 대화를 다시 들으면서 빈칸을 채워 보세요. 🎧012

B Mia, _____ you _____ ?

G No, I _____ . How about _____ , Junho?

B I can _____ . Can you _____ ?

G _____ . I can _____ very _____ .

B I can _____ , too. _____ skate _____ .

G Okay.

★ No. 아니. (부정의 대답)　Okay. 좋아, 그래. (승낙의 대답)

19

05 Everyone, stand up.

선생님의 지시 사항

Key Words 다음 단어를 듣고 따라해 보세요. 🎧013

open
열다, 펼치다

close
닫다

run
달리다

fight
싸우다

stand up
일어서다

sit down
앉다

be noisy
떠들다, 시끄럽게 하다

be quiet
조용히 하다

Key Sentences 다음을 듣고 빈칸에 알맞은 단어를 쓰세요. 🎧014

1 _____ _____, please.   앉아 주세요.

2 Be _____, please.   조용히 해 주세요.

3 Everyone, _____ _____.   모두, 일어서세요.

4 Please _____ your books.   책들을 펼쳐 주세요.

5 Don't be _____.   떠들지 마세요.

6 Don't _____ in the classroom.   교실에서는 뛰지 마세요.

7 Do not _____.   싸우지 마세요.

8 Can you _____ the door?   문을 닫아 줄 수 있을까요?

---

1 please ~해 주세요 (정중한 부탁의 말)   3 everyone 모두, 모든 사람   4 book 책   6 classroom 교실   8 door 문

정답과 해석 p.163

Listening Quiz　다음 대화를 듣고 질문에 답하세요. 🎧015

A　남자가 지호에게 지시한 행동이 무엇인지 고르세요.

B　내용과 일치하는 것에는 ○, 일치하지 않는 것에는 ✕에 ✓표시하세요.

1　남자는 모두 자리에서 일어나라고 지시했다.　　○ ▨　✕ ▨

2　수민이는 조용히 하라는 지시를 받았다.　　○ ▨　✕ ▨

Dictation　대화를 다시 들으면서 빈칸을 채워 보세요. 🎧015

> **M**　Hello, _____. Please _____ _____.
>
> 　　Sumin, _____ _____. _____ be _____.
>
> **G**　Sorry, sir.
>
> **M**　Jiho, _____ you _____ the _____?
>
> **B**　Sure.
>
> **M**　Thank you. Now, _____ your _____.

★ Sorry. 미안해요.　sir 선생님 (남자에게 붙이는 경칭)　Sure. 물론이죠, 그럼요.　Thank you. 고마워요.　now 지금, 이제

A 다음을 듣고 알맞은 단어를 [보기]에서 찾아 쓰세요.

보기

| nice | feel | night | bad |

1 _____   2 _____

3 _____   4 _____

B 다음을 듣고 둘 중 알맞은 단어를 고르세요.

1
ⓐ hello
ⓑ happy

2
ⓐ stand up
ⓑ sit down

3
ⓐ good
ⓑ great

4
ⓐ skate
ⓑ ski

C 다음 문장을 듣고 둘 중 알맞은 단어를 고르세요.

1 Good   morning / evening   .

2 Why are you   sad / angry   ?

3   Nice / Glad   to meet you.

4 I can   dance / jump   very well.

5 Please   open / close   your books.

6 Do not   fight / run   .

D 다음 문장을 듣고 그림과 일치하는 것에는 ○, 일치하지 않는 것에는 ✕에 ✓ 표시하세요.

1　○■ ✕■　　2　○■ ✕■　　3　○■ ✕■

E 다음 문장을 듣고 이어질 대답으로 가장 알맞은 것을 고르세요.

1 ?
　ⓐ Good afternoon.
　ⓑ My name is Jisu.

2 ?
　ⓐ I can cook pasta.
　ⓑ Yes, I can.

3 ?
　ⓐ I feel great.
　ⓑ You look sick today.

4 ?
　ⓐ Nice to meet you, too.
　ⓑ Be quiet.

5 ?
　ⓐ Sorry.
　ⓑ Sure.

Learn More 다양한 동사

⭐ 기본 동사

drink
마시다

eat
먹다

go
가다

come
오다

study
공부하다

read
읽다

write
쓰다

talk
이야기하다

push
밀다

pull
당기다

give
주다

help
도와주다

walk
걷다

kick
(발로) 차다

catch
잡다

sleep
잠자다

see
보다, 보이다

hear
듣다, 들리다

taste
맛보다

smell
냄새를 맡다

like
좋아하다

love
사랑하다

hate
싫어하다

make
만들다

06 I like red.

색깔

Key Words 다음 단어를 듣고 따라해 보세요. 🎧018

color
색깔, 색

blue
파란색(의)

gray
회색(의)

yellow
노란색(의)

red
빨간색(의)

green
초록색(의)

black
검은색(의)

white
하얀색(의)

Key Sentences 다음을 듣고 빈칸에 알맞은 단어를 쓰세요. 🎧019

1 I like _____.   나는 빨간색을 좋아해요.

2 I don't like _____.   나는 초록색을 좋아하지 않아요.

3 Do you like _____?   당신은 하얀색을 좋아하나요?

4 _____ is my favorite color.   파란색은 내가 가장 좋아하는 색이에요.

5 What _____ is your wallet?   당신의 지갑은 무슨 색인가요?

6 It's _____.   그것은 노란색이에요.

7 My bag is _____.   내 가방은 회색이에요.

8 Is this _____ wallet yours?   이 검은색 지갑은 당신 건가요?

---

1 like 좋아하다   **4** favorite 가장 좋아하는   **5** wallet 지갑   **7** bag 가방   **8** this 이, 이것 (가까이 있는 물건을 지칭하는 말)

공부한 날 :   월   일

정답과 해석 p.164

Listening Quiz 다음 대화를 듣고 질문에 답하세요. 🎧020

A   여자아이의 지갑으로 알맞은 색깔을 고르세요.

b

c

B   내용과 일치하는 것에는 〇, 일치하지 않는 것에는 X 에 ✓ 표시하세요.

1   노란색 지갑은 남자아이의 것이다.   〇 ▨   X ▨

2   남자아이는 초록색을 좋아한다.   〇 ▨   X ▨

Dictation   대화를 다시 들으면서 빈칸을 채워 보세요. 🎧020

> *B* Is this _____ wallet _____?
>
> *G* _____, it isn't.
>
> *B* What _____ is your _____?
>
> *G* It's _____.
>
> *B* Do you _____ _____?
>
> *G* Yes, _____ is my _____ color. What color do you _____?
>
> *B* I like _____.

yours 너의 것, 너희들의 것

07 I have a pencil.
문구

Key Words 다음 단어를 듣고 따라해 보세요. 🎧021

ruler
자

notebook
공책

glue
풀

scissors
가위

paint
물감

eraser
지우개

pencil
연필

pencil sharpener
연필깎이

Key Sentences 다음을 듣고 빈칸에 알맞은 단어를 쓰세요. 🎧022

1 I have a _____ . 나는 연필을 한 자루 가지고 있어요.

2 I have two _____ s. 나는 공책을 두 권 가지고 있어요.

3 I don't have a _____ . 나는 자를 가지고 있지 않아요.

4 Do you have _____ ? 당신은 가위를 가지고 있나요?

5 How many _____ s do you have? 당신은 지우개를 몇 개 가지고 있나요?

6 Can I borrow your _____ ? 당신의 물감을 빌릴 수 있을까요?

7 This _____ _____ is mine. 이 연필깎이는 내 거예요.

8 Is this your _____ ? 이것은 당신의 풀인가요?

---

1 have 가지고 있다   2 two 둘, 2   5 how many 얼마나 많은, 몇 개의   6 borrow 빌리다   7 mine 나의 것

공부한 날 :　　　 월　　　 일

정답과 해석 p.165

Listening Quiz　다음 대화를 듣고 질문에 답하세요. 🎧023

A　여자아이가 남자아이에게 빌려줄 수 있는 물건을 고르세요.

ⓐ　　　　　　　　　ⓑ　　　　　　　　　ⓒ

B　내용과 일치하도록 둘 중 알맞은 단어를 고르세요.

1　Jane doesn't have a 　glue / ruler　 .

2　Jane has two 　scissors / pencils　 .

Dictation　대화를 다시 들으면서 빈칸을 채워 보세요. 🎧023

> **B** Jane, do you _____ a _____?
>
> **G** _____, I _____.
>
> **B** Do you _____ _____?
>
> **G** _____, I _____.
>
> **B** How _____ _____ do you have?
>
> **G** I have _____ _____.
>
> **B** Can I _____ your _____?
>
> **G** No problem.

★ No problem. 문제없어, 그럼. (부탁에 대한 대답)

08 My dog is very big.

반대말

big
큰

small
작은

slow
느린

fast
빠른

long
긴

short
짧은; 키가 작은

thin
마른

fat
뚱뚱한, 살찐

Key Sentences 다음을 듣고 빈칸에 알맞은 단어를 쓰세요. 🎧025

1 I'm _____.   나는 말랐어요.

2 They are _____.   그들은 뚱뚱해요.

3 My dog is very _____.   내 개는 아주 커요.

4 This dog is _____.   이 개는 작아요.

5 That dog is _____.   저 개는 느려요.

6 Is your dog _____?   당신의 개는 빠른가요?

7 My dog has a _____ tail.   내 개는 긴 꼬리를 가지고 있어요.

8 Does your dog have _____ legs?   당신의 개는 짧은 다리를 가지고 있나요?

---

3 dog 개 **5** that 저, 저것 (멀리 있는 물건을 지칭하는 말) **7** has 가지고 있다 (have의 3인칭 단수형) tail 꼬리 **8** leg 다리

정답과 해석 p.165

Listening Quiz   다음 대화를 듣고 질문에 답하세요. 🎧 026

A   여자아이의 개로 알맞은 그림을 고르세요.

B   내용과 일치하도록 둘 중 알맞은 단어를 고르세요.

1 The dog has a   **long / short**   tail.

2 The dog is very   **fast / fat**   .

Dictation   대화를 다시 들으면서 빈칸을 채워 보세요. 🎧 026

G   Look! That's my _____.

B   _____ your dog _____?

G   _____, it isn't. It's _____.

B   _____ your dog have a _____ _____?

G   No, it _____ a _____ tail.

    My _____ also has _____ _____.

B   Oh, I see. Wow, your dog is _____ _____.

★ look 보다   also 또한   see 알다   wow 와 (놀랐을 때 쓰는 감탄사)

09 I have small ears.

외모 묘사 ①

head
머리

ear
귀

mouth
입

nose
코

forehead
이마

hand
손

neck
목

shoulder
어깨

Key Sentences 다음을 듣고 빈칸에 알맞은 단어를 쓰세요. 🎧 028

1 I have a big _____ .   나는 큰 입을 가지고 있어요.

2 I have small _____ s.   나는 작은 귀를 가지고 있어요.

3 I have strong _____ s.   나는 튼튼한 어깨를 가지고 있어요.

4 She has a small _____ .   그녀는 작은 머리를 가지고 있어요.

5 He has big _____ s.   그는 큰 손을 가지고 있어요.

6 My _____ is wide.   나의 이마는 넓어요.

7 His _____ is long.   그의 목은 길어요.

8 Her _____ is very big.   그녀의 코는 아주 커요.

1 big 큰   2 small 작은   3 strong 튼튼한, 강한   6 wide 넓은   7 long 긴

32

정답과 해석 p.166

Listening Quiz 다음을 듣고 질문에 답하세요. 🎧029

A 샐리의 얼굴에서 크다고 한 신체 부위를 고르세요.

 ⓐ

 ⓑ

 ⓒ

B 내용과 일치하는 것에는 ○, 일치하지 않는 것에는 X에 ✓표시하세요.

1 샐리는 목이 짧다.   ○■ X■

2 잭은 이마가 넓다.   ○■ X■

Dictation 다시 들으면서 빈칸을 채워 보세요. 🎧029

G _____ is _____ friend, Sally.

She has a _____ _____.

Her _____ is _____.

D _____ _____ my friend, Jack.

He has _____ _____.

His _____ is _____, and his _____ is _____.

★friend 친구 and 그리고

33

10 She has short hair.

외모 묘사 ②

Key Words 다음 단어를 듣고 따라해 보세요. 🎧030

hair
머리카락

eye
눈

eyebrow
눈썹

teeth
치아들 (단수형 tooth)

curly
곱슬곱슬한

straight
곧은, 쭉 뻗은

blond
금발의

look like
~처럼 생기다, ~을 닮다

Key Sentences 다음을 듣고 빈칸에 알맞은 단어를 쓰세요. 🎧031

1 What does he ＿＿＿＿＿＿ ＿＿＿＿＿＿?   그는 어떻게 생겼나요?

2 She has short ＿＿＿＿＿.   그녀는 짧은 머리를 가지고 있어요.

3 He has blue ＿＿＿＿＿s.   그는 파란색 눈을 가지고 있어요.

4 She has long, ＿＿＿＿＿ hair.   그녀는 긴 생머리를 가지고 있어요.

5 She has ＿＿＿＿＿ hair.   그녀는 금발 머리를 가지고 있어요.

6 He doesn't have white ＿＿＿＿＿.   그는 하얀 치아를 가지고 있지 않아요.

7 His ＿＿＿＿＿s are brown.   그의 눈썹은 갈색이에요.

8 Does he have ＿＿＿＿＿ hair?   그는 곱슬머리를 가지고 있나요?

---

2 short 짧은   3 blue 파란색의   4 long 긴   6 white 하얀색의   7 brown 갈색의

공부한 날 :   월   일

정답과 해석 p.166

Listening Quiz 다음 대화를 듣고 질문에 답하세요. 🎧032

A 제니의 헤어스타일로 알맞은 그림을 고르세요.

ⓐ    ⓑ    ⓒ

B 내용과 일치하도록 둘 중 알맞은 단어를 고르세요.

1 Jenny has (**brown / blue**) eyes.

2 Jenny has (**blond / brown**) hair.

Dictation 대화를 다시 들으면서 빈칸을 채워 보세요. 🎧032

B Jenny _____ so beautiful.

G _____ does she _____ _____?

B She _____ long, _____ _____.

G _____ she have _____ hair?

B No, she _____ _____ hair.

G Does she have _____ _____?

B _____ , she does. She _____ _____ her mother.

★ so 아주 beautiful 아름다운 mother 어머니

35

Review 06-10

A 다음을 듣고 알맞은 단어를 [보기]에서 찾아 쓰세요.

> 보기
>
> neck   paint   fat   blond

1 _____   2 _____

3 _____   4 _____

B 다음을 듣고 둘 중 알맞은 단어를 고르세요.

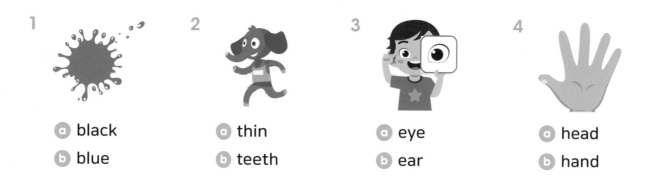

1
ⓐ black
ⓑ blue

2
ⓐ thin
ⓑ teeth

3
ⓐ eye
ⓑ ear

4
ⓐ head
ⓑ hand

C 다음 문장을 듣고 둘 중 알맞은 단어를 고르세요.

1 My dog is   fast / slow   .

2 I don't like   gray / green   .

3 Is your dog   big / small   ?

4 His   forehead / shoulder   is wide.

5 She has   curly / straight   hair.

6 How many   scissors / erasers   do you have?

정답과 해석 p.167

D 다음 문장을 듣고 그림과 일치하는 것에는 ○, 일치하지 않는 것에는 X에 ✓표시하세요.

1 O X   2 O X   3 O X

E 다음 문장을 듣고 이어질 대답으로 가장 알맞은 것을 고르세요.

1 ?

    ⓐ No problem.

    ⓑ I don't have a glue.

2 ?

    ⓐ No, it's red.

    ⓑ I like yellow.

3 ?

    ⓐ No, she has blue eyes.

    ⓑ Yes, she has brown hair.

4 ?

    ⓐ No, it has a short tail.

    ⓑ Yes, I have a big mouth.

5 ?

    ⓐ Yes, I have two pencils.

    ⓑ No, I don't.

⭐ 집에서 볼 수 있는 것

window
창문

door
문

television(TV)
텔레비전

mirror
거울

clock
시계

sofa
소파

bed
침대

table
테이블, 식탁

desk
책상

chair
의자

⭐ 소지품

water bottle
물병

pencil case
필통

colored paper
색종이

umbrella
우산

watch
손목시계

dictionary
사전

bag
가방

key
열쇠

brush
붓

book
책

11 That is an elephant.
동물

rabbit
토끼

snake
뱀

lion
사자

zebra
얼룩말

elephant
코끼리

ostrich
타조

monkey
원숭이

camel
낙타

Key Sentences 다음을 듣고 빈칸에 알맞은 단어를 쓰세요. 🎧036

1 It's a _____. 그것은 낙타예요.

2 This is a _____. 이것은 사자예요.

3 That is an _____. 저것은 코끼리예요.

4 Look at that _____. 저 타조를 봐요.

5 I want to see a _____. 나는 얼룩말을 보고 싶어요.

6 I like _____s. 나는 토끼들을 좋아해요.

7 I don't like _____s. 나는 원숭이들을 좋아하지 않아요.

8 There is a _____ over there. 저기에 뱀 한 마리가 있어요.

---

1 it 그것 4 look at ~을 보다 5 want to ~하고 싶다 see 보다 8 over there 저기에, 저쪽에

공부한 날 :   월   일

정답과 해석 p.168

Listening Quiz   다음 대화를 듣고 질문에 답하세요. 🎧037

A   두 사람이 보지 <u>못한</u> 동물을 고르세요.

ⓐ    ⓑ    ⓒ

B   내용과 일치하는 것에는 ○, 일치하지 않는 것에는 X에 ✓표시하세요.

1   여자아이는 얼룩말을 좋아하지 않는다.   ○▢ X▢

2   남자아이는 낙타를 보고 싶어 한다.   ○▢ X▢

Dictation   대화를 다시 들으면서 빈칸을 채워 보세요. 🎧037

G   _____ at that _____!

B   Wow, it's great. I _____ _____.

G   Look. _____ is a _____ over there.

B   Well, I _____ like _____.

    I _____ to see a _____.

G   What's _____?

B   Oh, that is a _____.

★ great 멋진, 훌륭한   well 음, 글쎄 (말하기 전에 생각하는 말)

12 He is my father.
가족 관계

who
누구

father
아버지

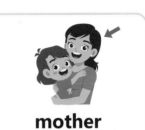

mother
어머니

brother
남자 형제(형, 오빠, 남동생)

sister
여자 형제(누나, 언니, 여동생)

uncle
삼촌, 이모부, 고모부

aunt
숙모, 이모, 고모

cousin
사촌

Key Sentences 다음을 듣고 빈칸에 알맞은 단어를 쓰세요. 🎧039

1 She is my _____.
그녀는 나의 어머니예요.

2 He is my _____.
그는 나의 아버지예요.

3 He isn't my _____.
그는 내 사촌이 아니에요.

4 Is she your _____?
그녀는 당신의 여자 형제인가요?

5 I have an _____.
나는 삼촌이 한 명 있어요.

6 Do you have any _____s?
당신은 남자 형제가 있나요?

7 This is my _____.
이분은 제 이모예요.

8 _____ is this in the picture?
사진 속 이 사람은 누구인가요?

6 any (의문문에서) 누구라도, 누구든   7 this 이 사람, 이분   8 picture 사진, 그림

42

공부한 날 :　　　　　월　　　　　일

정답과 해석 p.168

Listening Quiz　다음 대화를 듣고 질문에 답하세요. 🎧040

A　사진 속 여자는 남자아이와 어떤 관계인지 고르세요.

ⓐ 　　ⓑ 　　ⓒ

B　내용과 일치하는 것에는 O, 일치하지 않는 것에는 X에 ✓표시하세요.

1　사진 속 남자아이는 탐의 남자 형제이다.　　O ▨　X ▨

2　여자아이는 남자 형제가 한 명 있다.　　O ▨　X ▨

Dictation　대화를 다시 들으면서 빈칸을 채워 보세요. 🎧040

— G　Tom, _____ is this in the _____?

— B　_____ is my _____.

— G　Then _____ is this boy? Is he your _____?

— B　_____, he isn't. _____ is my _____.

— G　Do you _____ any _____?

— B　_____, I _____. How about you?

— G　I _____ a _____.

★ then 그럼, 그러면　boy 남자아이, 소년

13 My son is seven years old.

가족과 나이

son
아들

daughter
딸

grandfather
할아버지

grandmother
할머니

old
나이 든

young
젊은, 어린

year
~살; 1년

age
나이

Key Sentences 다음을 듣고 빈칸에 알맞은 단어를 쓰세요. 🎧042

1 They are _____.   그들은 어려요.

2 How _____ are you?   당신은 몇 살인가요?

3 I'm ten _____ s old.   나는 10살이에요.

4 How old is your _____?   당신의 딸은 몇 살인가요?

5 How old is your _____?   당신의 할아버지는 몇 살이신가요?

6 My _____ is seven years old.   내 아들은 7살이에요.

7 My _____ is seventy years old.   제 할머니는 70살이세요.

8 We are the same _____.   우리는 나이가 같아요.

2 how old 몇 살   3 ten 열, 10   6 seven 일곱, 7   7 seventy 일흔, 70   8 same 같은

44

정답과 해석 p.168

Listening Quiz 다음 대화를 듣고 질문에 답하세요. 🎧043

A   여자아이가 몇 살인지 고르세요.

ⓐ    ⓑ    ⓒ

B   내용과 일치하는 것에는 ○, 일치하지 않는 것에는 X에 ✓표시하세요.

1   남자의 아들은 7살이다.   ○ ▨ X ▨

2   남자의 딸은 여자아이와 나이가 같다.   ○ ▨ X ▨

Dictation 대화를 다시 들으면서 빈칸을 채워 보세요. 🎧043

—   G   Hello, Mr. Brown. Who _____ _____?

—   M   They are my _____ and _____.

—   G   How _____ is your _____ ?

—   M   He is _____ _____ old.

—   G   _____ old is your _____ ?

—   M   She is nine _____ _____. How old are _____, Sujin?

—   G   I'm _____ _____ _____.

★Mr. (남자 이름 앞에서) ~씨 nine 아홉, 9

45

14 I'm in my bedroom.

우리 집

Key Words 다음 단어를 듣고 따라해 보세요. 🎧044

where
어디에

house
집

bedroom
침실

kitchen
부엌

living room
거실

bathroom
화장실, 욕실

garden
정원

floor
(건물의) 층

Key Sentences 다음을 듣고 빈칸에 알맞은 단어를 쓰세요. 🎧045

1 I'm in my _____ .   나는 내 침실에 있어요.

2 My dad is in the _____ .   제 아빠는 화장실에 계세요.

3 Is your mom in the _____ ?   당신의 엄마는 정원에 계신가요?

4 My grandfather is in the _____ _____ .   제 할아버지는 거실에 계세요.

5 My grandmother is in the _____ .   제 할머니는 부엌에 계세요.

6 _____ is the bathroom?   화장실은 어디에 있나요?

7 My _____ has a basement.   내 집에는 지하실이 있어요.

8 My house is on the first _____ .   내 집은 1층에 있어요.

---

1 in (장소)에   2 dad 아빠   3 mom 엄마   7 basement 지하실   8 first 첫 번째의

공부한 날 :　　　　월　　　　일

SCAN ME~

MP3 듣기

정답과 해석 p.169

Listening Quiz　다음 대화를 듣고 질문에 답하세요. 🎧046

A　지금 남자아이가 있는 장소를 고르세요.

ⓐ 　　　　ⓑ 　　　　ⓒ

B　내용과 일치하도록 둘 중 알맞은 단어를 고르세요.

1　Paul's dad is in the 　kitchen / bedroom　 .

2　Paul's sister is in the 　kitchen / bathroom　 .

Dictation　대화를 다시 들으면서 빈칸을 채워 보세요. 🎧046

W　Paul, _____ are you?

B　Mom, I'm in the _____ _____ .

W　_____ is your _____ ?

B　Ho io _____ thc _____ .

W　Is your _____ in the _____ , too?

B　_____ , she isn't. She is _____ the _____ .

★too ~도 역시

47

15 Your pencil is under the desk.

물건의 위치

다음 단어를 듣고 따라해 보세요. 🎧 047

on
~위에

under
~아래에

between
~사이에

in front of
~앞에

in
~안에

behind
~뒤에

above
~위쪽에

next to
~옆에

Key Sentences 다음을 듣고 빈칸에 알맞은 단어를 쓰세요. 🎧 048

1 It's in _____ of the sofa. 그것은 소파 앞에 있어요.

2 It's _____ the chairs. 그것은 의자들 사이에 있어요.

3 It's _____ the bed. 그것은 침대 위쪽에 있어요.

4 My bag is _____ the door. 내 가방은 문 뒤에 있어요.

5 Your pencil is _____ the desk. 당신의 연필은 책상 아래에 있어요.

6 My dictionary is _____ the bag. 내 사전은 가방 안에 있어요.

7 They are _____ to the table. 그것들은 테이블 옆에 있어요.

8 There is a book _____ the floor. 바닥 위에 책이 있어요.

---

1 sofa 소파   2 chair 의자   3 bed 침대   4 bag 가방 door 문   5 pencil 연필 desk 책상   6 dictionary 사전

정답과 해석 p.169

Listening Quiz 다음 대화를 듣고 질문에 답하세요. 🎧049

A 여자아이의 가방이 있는 장소로 알맞은 그림을 고르세요.

ⓐ   ⓑ   ⓒ

B 내용과 일치하는 것에는 ○, 일치하지 않는 것에는 ✕에 ✓표시하세요.

1 사전은 테이블 아래에 있다.   ○ ▨   ✕ ▨

2 여자아이의 아빠는 가방을 보지 못했다.   ○ ▨   ✕ ▨

Dictation 대화를 다시 들으면서 빈칸을 채워 보세요. 🎧049

— **G** Dad, _____ is my _____?

— **M** It's _____ _____ of the _____.

— **G** Then _____ is _____ _____?

— **M** Maybe it's _____ the _____.

— **G** No, it's _____ here.

— **M** Oh, look. Your _____ is _____ the _____.

— **G** I see. Thank you, Dad.

7 table 테이블   8 book 책   floor 바닥   ★ maybe 아마도   here 여기에

Review 11-15

A 다음을 듣고 알맞은 단어를 [보기]에서 찾아 쓰세요.

> **보기**
>
> where   above   monkey   young

1 _____

2 _____

3 _____

4 _____

B 다음을 듣고 둘 중 알맞은 단어를 고르세요.

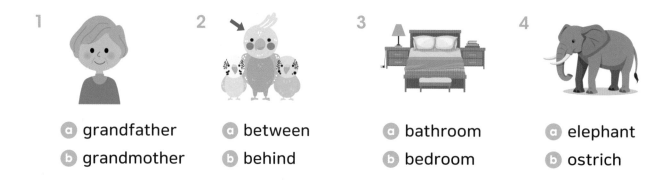

1
ⓐ grandfather
ⓑ grandmother

2
ⓐ between
ⓑ behind

3
ⓐ bathroom
ⓑ bedroom

4
ⓐ elephant
ⓑ ostrich

C 다음 문장을 듣고 둘 중 알맞은 단어를 고르세요.

1 Your pencil is   **in / on**   the table.

2 I want to see a   **zebra / snake**   .

3 My   **son / daughter**   is eight years old.

4 There is a   **rabbit / lion**   over there.

5 Do you have any   **brothers / sisters**   ?

6 My uncle is in the   **kitchen / garden**   .

정답과 해석 p.170

D 다음 문장을 듣고 그림과 일치하는 것에는 O, 일치하지 않는 것에는 X에 ✓표시하세요.

1 O⬜ X⬜   2 O⬜ X⬜   3 O⬜ X⬜

E 다음 문장을 듣고 이어질 대답으로 가장 알맞은 것을 고르세요.

1
ⓐ I'm ten years old.
ⓑ He is seven years old.

2
ⓐ My house is on the first floor.
ⓑ No, he is in the living room.

3
ⓐ Wow, it's great.
ⓑ I don't like snakes.

4
ⓐ She is my cousin.
ⓑ No, she isn't.

5
ⓐ No, it's not here.
ⓑ It's in front of the door.

Learn More 숫자

1	2	3	4	5
one	two	three	four	five

6	7	8	9	10
six	seven	eight	nine	ten

11	12	13	14	15
eleven	twelve	thirteen	fourteen	fifteen

16	17	18	19	20
sixteen	seventeen	eighteen	nineteen	twenty

⭐ **21 ~ 29** (일의 자리만 바뀝니다)

21
twenty-one

22
twenty-two

23
twenty-three

24
twenty-four

25
twenty-five

26
twenty-six

27
twenty-seven

28
twenty-eight

29
twenty-nine

⭐ **30 이상**

30
thirty

40
forty

50
fifty

60
sixty

70
seventy

80
eighty

90
ninety

100
one hundred

1000
one thousand

16 My father is a teacher.
직업

job
직업

doctor
의사

nurse
간호사

teacher
교사

scientist
과학자

astronaut
우주 비행사

police officer
경찰관

firefighter
소방관

Key Sentences 다음을 듣고 빈칸에 알맞은 단어를 쓰세요. 🎧053

1 What is your _____ ?   당신의 직업은 무엇인가요?

2 I'm a _____ .   나는 간호사예요.

3 I'm a _____ .   나는 소방관이에요.

4 My mother is a _____ _____ .   제 어머니는 경찰관이세요.

5 My father is a _____ .   제 아버지는 교사세요.

6 I will be a _____ .   나는 과학자가 될 거예요.

7 I want to be a _____ .   나는 의사가 되고 싶어요.

8 My future dream is to become an _____ .   내 장래희망은 우주 비행사가 되는 거예요.

---

6 will ~일 것이다, ~할 것이다   7 want to ~하고 싶다   8 future 미래 dream 꿈 become ~이 되다

정답과 해석 p.171

Listening Quiz   다음 대화를 듣고 질문에 답하세요. 🎧054

A   남자아이가 미래에 되고 싶은 직업을 고르세요.

ⓐ    ⓑ    ⓒ

B   내용과 일치하는 것에는 ○, 일치하지 않는 것에는 X에 ✓표시하세요.

1   남자아이의 아버지는 소방관이다.   ○ ▨ X ▨

2   여자아이의 장래희망은 과학자이다.   ○ ▨ X ▨

Dictation   대화를 다시 들으면서 빈칸을 채워 보세요. 🎧054

―   *G* What is _____ father's _____?

―   *B* _____ is a _____.

―   _____ does _____ _____ do?

―   *G* He is a _____.

―   *B* That's wonderful! I want to _____ a _____, too.

―   What's your _____ _____?

―   *G* My _____ dream is to _____ a _____.

★ do 하다 wonderful 아주 멋진

55

17 It's Sunday today.
요일

Key Words 다음 단어를 듣고 따라해 보세요. 🎧 055

day
요일, 하루

Monday
월요일

Tuesday
화요일

Wednesday
수요일

Thursday
목요일

Friday
금요일

Saturday
토요일

Sunday
일요일

Key Sentences 다음을 듣고 빈칸에 알맞은 단어를 쓰세요. 🎧 056

1 What _____ is it today?   오늘은 무슨 요일인가요?

2 It's _____ today.   오늘은 일요일이에요.

3 Is it _____ today?   오늘은 금요일인가요?

4 Today is _____ .   오늘은 화요일이에요.

5 Yesterday was _____ .   어제는 목요일이었어요.

6 Tomorrow is _____ .   내일은 수요일이에요.

7 I'm free on _____ .   나는 토요일에 한가해요.

8 I have art class every _____ .   나는 월요일마다 미술 수업이 있어요.

---

1 today 오늘   5 yesterday 어제 was ~였다(is의 과거형)   6 tomorrow 내일   7 free 한가한 on (요일)에

정답과 해석 p.171

Listening Quiz 다음 대화를 듣고 질문에 답하세요. 🎧057

A 오늘은 무슨 요일인지 고르세요.

ⓐ  수

ⓑ  목

ⓒ  금

B 내용과 일치하도록 둘 중 알맞은 단어를 고르세요.

1 Yesterday was (**Wednesday / Thursday**).

2 Jimin has art class every (**Monday / Friday**).

Dictation 대화를 다시 들으면서 빈칸을 채워 보세요. 🎧057

G Jimin, is it _____ _____?

B _____, it isn't.

G _____ _____ is it today?

B _____ is _____.

G Do you _____ art _____ today?

B _____, I have art class _____ _____.

8 art class 미술 수업   every ~마다

18 It's sunny today.

날씨

Key Words 다음 단어를 듣고 따라해 보세요. 🎧058

weather
날씨

warm
따뜻한

cold
추운

hot
더운

sunny
맑은, 화창한

cloudy
흐린, 구름 낀

windy
바람 부는

foggy
안개 낀

Key Sentences 다음을 듣고 빈칸에 알맞은 단어를 쓰세요. 🎧059

1 How's the _____ today?　　　　오늘 날씨는 어떤가요?

2 It's _____ today.　　　　　　오늘은 맑아요.

3 It's very _____ today.　　　　오늘은 아주 따뜻해요.

4 Is it _____ outside?　　　　　밖에 바람이 부나요?

5 It was _____ in the morning.　아침에는 안개가 꼈어요.

6 It was _____ yesterday.　　　어제는 더웠어요.

7 It will be _____ tomorrow.　　내일은 흐릴 거예요.

8 It's _____, so we can't play outside.　추워서 우리는 밖에서 놀 수 없어요.

---

4 outside 밖에, 밖에서　5 morning 아침　8 so 그래서　play 놀다

정답과 해석 p.171

Listening Quiz 다음 대화를 듣고 질문에 답하세요. 🎧060

A 오늘 날씨로 알맞은 것을 고르세요.

ⓐ    ⓑ    ⓒ

B 내용과 일치하는 것에는 O, 일치하지 않는 것에는 X에 ✓표시하세요.

1 내일 날씨는 맑고 따뜻할 것이다.   O ▢ X ▢

2 두 사람은 오늘 밖에서 놀 것이다.   O ▢ X ▢

Dictation 대화를 다시 들으면서 빈칸을 채워 보세요. 🎧060

G _____ the _____ today?

B It's _____.

G Is it _____ outside?

B _____, it's _____ _____.

G Well, we _____ play _____ today.

B _____ will be _____ and _____ tomorrow.

  Let's _____ outside _____.

★ let's (우리) ~하자

Key Words 다음 단어를 듣고 따라해 보세요. 🎧061

spring
봄

summer
여름

fall
가을

winter
겨울

season
계절

cool
시원한

rainy
비가 (많이) 오는

snowy
눈이 많이 내리는

Key Sentences 다음을 듣고 빈칸에 알맞은 단어를 쓰세요. 🎧062

1 I don't like _____ .
나는 여름을 좋아하지 않아요.

2 It's _____ in fall.
가을에는 시원해요.

3 It's hot and _____ in summer.
여름에는 덥고 비가 많이 와요.

4 It's cold and _____ in winter.
겨울에는 춥고 눈이 많이 내려요.

5 Which _____ do you like the most?
당신은 어떤 계절을 가장 좋아하나요?

6 I love _____ the most.
나는 봄을 가장 좋아해요.

7 Do you like _____ ?
당신은 겨울을 좋아하나요?

8 My favorite season is _____ .
내가 가장 좋아하는 계절은 가을이에요.

---

3 and 그리고   5 which 어떤 most 가장   6 love 사랑하다, 아주 좋아하다   8 favorite 가장 좋아하는

정답과 해석 p.172

Listening Quiz 다음 대화를 듣고 질문에 답하세요. 🎧063

A   여자아이가 가장 좋아하는 계절을 고르세요.

B   내용과 일치하는 것에는 ○, 일치하지 않는 것에는 X에 ✓ 표시하세요.

1   Jinwoo loves fall the most.   ○ ▨ X ▨

2   Susie doesn't like winter.   ○ ▨ X ▨

Dictation 대화를 다시 들으면서 빈칸을 채워 보세요. 🎧063

— G Jinwoo, which _____ do you _____ the _____?

— B I _____ _____ the most. Do you _____ _____, Susie?

— G _____, I don't. It's _____ and _____ in summer.

— B Do _____ like _____?

— G No, it's too _____ in _____.

— B Then what is your _____ _____?

— G My favorite _____ is _____.

★ too 너무 then 그러면, 그럼

61

20 I'm from Korea.

나라

from
~출신의

Korea
한국

Japan
일본

China
중국

Italy
이탈리아

Canada
캐나다

Australia
호주

America
미국

Key Sentences 다음을 듣고 빈칸에 알맞은 단어를 쓰세요. 🎧065

1 Where are you _____ ?   당신은 어디 출신인가요?

2 I'm from _____ .   나는 한국 출신이에요.

3 My English teacher is from _____ .   제 영어 선생님은 캐나다 출신이에요.

4 Are you from _____ ?   당신은 중국 출신인가요?

5 _____ is in Europe.   이탈리아는 유럽에 있어요.

6 I live in _____ .   나는 호주에 살아요.

7 I want to go to _____ .   나는 일본에 가고 싶어요.

8 I hope to see you in _____ . 당신을 미국에서 만나면 좋겠네요.

3 English 영어 teacher 교사, 선생님   5 Europe 유럽   6 live in ~에 살다   7 go to ~에 가다   8 hope 희망하다, 바라다

62

정답과 해석 p.172

Listening Quiz 다음 대화를 듣고 질문에 답하세요. 🎧066

A 남자아이의 출신 국가를 고르세요.

ⓐ 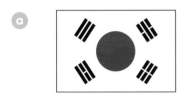 ⓑ  ⓒ

B 내용과 일치하는 것에는 ○, 일치하지 않는 것에는 X에 ✓표시하세요.

1 여자아이의 영어 선생님은 호주 출신이다. ○ ▓ X ▓

2 남자아이는 한국에 살고 있다. ○ ▓ X ▓

Dictation 대화를 다시 들으면서 빈칸을 채워 보세요. 🎧066

— *G* Hello. _____ are you _____?

— *B* _____ from _____.

— *G* Really? My English teacher is _____ _____, too.

— *B* Where _____ you _____?

— *G* I'm _____ _____.

— *B* I _____ to go to _____.

— *G* I _____ to _____ you in _____.

★ Really? 정말?, 진짜? (놀라움을 나타낼 때 쓰는 말)

63

Review 16-20

A 다음을 듣고 알맞은 단어를 [보기]에서 찾아 쓰세요.

보기

| Korea | weather | job | Sunday |

1 _____   2 _____

3 _____   4 _____

B 다음을 듣고 둘 중 알맞은 단어를 고르세요.

1
ⓐ Tuesday
ⓑ Thursday

2
ⓐ sunny
ⓑ summer

3
ⓐ spring
ⓑ season

4
ⓐ America
ⓑ Australia

C 다음 문장을 듣고 둘 중 알맞은 단어를 고르세요.

1 Tomorrow is (Friday / Saturday).

2 My favorite season is (fall / winter).

3 It is (rainy / snowy) today.

4 I'm from (Italy / Canada).

5 I want to be a (nurse / astronaut).

6 It will be (cool / cold) tomorrow.

정답과 해석 p.173

D 다음 문장을 듣고 그림과 일치하는 것에는 O, 일치하지 않는 것에는 X에 ✓표시하세요.

1 O◻ X◻   2 O◻ X◻   3 O◻ X◻

E 다음 문장을 듣고 이어질 대답으로 가장 알맞은 것을 고르세요.

1
  ⓐ I want to go to Japan.
  ⓑ I'm from China.

2
  ⓐ It's windy today.
  ⓑ Yes, it is.

3
  ⓐ I'm a firefighter.
  ⓑ He is a scientist.

4
  ⓐ I love spring the most.
  ⓑ Yes, it's warm.

5
  ⓐ Today is Monday.
  ⓑ No, I have art class every Friday.

Learn More 나라와 국적

⭐ 국적

20과에서 나라 이름을 나타내는 단어를 배웠습니다. 이번에는 그 나라의 사람들과 국적을 나타내는 단어를 익혀 봅시다.

Korean
한국 사람(의)
한국의

Japanese
일본 사람(의)
일본의

Chinese
중국 사람(의)
중국의

Italian
이탈리아 사람(의)
이탈리아의

Canadian
캐나다 사람(의)
캐나다의

Australian
호주 사람(의)
호주의

American
미국 사람(의)
미국의

⭐ 다양한 나라와 국적

그 밖의 다양한 나라 이름과 국적을 나타내는 단어를 익혀 보세요.

나라	국적
Brazil 브라질	**Brazilian** 브라질 사람(의), 브라질의
Chile 칠레	**Chilean** 칠레 사람(의), 칠레의
Egypt 이집트	**Egyptian** 이집트 사람(의), 이집트의
France 프랑스	**French** 프랑스 사람(의), 프랑스의
Germany 독일	**German** 독일 사람(의), 독일의
Greece 그리스	**Greek** 그리스 사람(의), 그리스의
India 인도	**Indian** 인도 사람(의), 인도의
Malaysia 말레이시아	**Malaysian** 말레이시아 사람(의), 말레이시아의
Mexico 멕시코	**Mexican** 멕시코 사람(의), 멕시코의
Spain 스페인	**Spanish** 스페인 사람(의), 스페인의
Thailand 태국	**Thai** 태국 사람(의), 태국의

21 I want to eat a hamburger.

음식과 식사

restaurant
식당

hungry
배고픈

full
배부른

food
음식

hamburger
햄버거

spaghetti
스파게티

pizza
피자

bread
빵

Key Sentences 다음을 듣고 빈칸에 알맞은 단어를 쓰세요. 🎧070

1 I'm so _____.   나는 아주 배고파요.

2 Are you _____?   당신은 배가 부른가요?

3 Let's go to a _____.   식당에 가요.

4 I like _____.   나는 빵을 좋아해요.

5 I don't like _____.   나는 피자를 좋아하지 않아요.

6 What _____ do you want to eat?   당신은 어떤 음식을 먹고 싶은가요?

7 I want to eat a _____.   나는 햄버거를 먹고 싶어요.

8 How about _____ for lunch?   점심으로 스파게티 어때요?

---

1 so 아주   3 go to ~에 가다   6 want to ~하고 싶다   eat 먹다   8 How about ~? ~은 어때? (제안하는 말) lunch 점심식사

공부한 날 :   월   일

정답과 해석 p.174

Listening Quiz   다음 대화를 듣고 질문에 답하세요. 🎧 071

A   두 사람이 먹기로 한 음식을 고르세요.

       ⓒ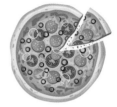

B   내용과 일치하는 것에는 ○, 일치하지 않는 것에는 X 에 ✓표시하세요.

1   여자아이는 아주 배가 고프다.   ○ ▨   X ▨

2   남자아이는 스파게티를 좋아한다.   ○ ▨   X ▨

Dictation   대화를 다시 들으면서 빈칸을 채워 보세요. 🎧 071

> **B**   Are you _____?
>
> **G**   _____, I'm _____ hungry. Let's _____ to a _____.
>
> **B**   What _____ do you want to _____?
>
> **G**   I _____ to eat _____.
>
> **B**   Well, I _____ like _____.
>
>   How about _____ for _____?
>
> **G**   Sounds good. _____ _____ to King Burger.

★ Sounds good. 좋은 생각이야. (제안에 대해 승낙하는 말)

22 I like apples.

채소와 과일

vegetable
채소

carrot
당근

spinach
시금치

onion
양파

fruit
과일

apple
사과

grape
포도

watermelon
수박

Key Sentences 다음을 듣고 빈칸에 알맞은 단어를 쓰세요. 🎧073

1 What is your favorite _____?   당신이 가장 좋아하는 과일은 뭔가요?

2 I like _____s.   나는 사과를 좋아해요.

3 I really like _____s.   나는 포도를 정말 좋아해요.

4 I don't like _____s.   나는 수박을 좋아하지 않아요.

5 I hate _____s.   나는 양파를 싫어해요.

6 Do you like _____s?   당신은 당근을 좋아하나요?

7 You should eat _____.   당신은 시금치를 먹어야 해요.

8 _____s are good for you.   채소는 당신의 건강에 좋아요.

---

1 favorite 가장 좋아하는   3 really 정말   5 hate 싫어하다   7 should ~해야 한다   8 good for ~의 건강에 좋은

정답과 해석 p.174

Listening Quiz 다음 대화를 듣고 질문에 답하세요. 🎧074

A   남자아이가 좋아하는 채소를 고르세요.

ⓐ    ⓑ    ⓒ

B   내용과 일치하도록 둘 중 알맞은 단어를 고르세요.

1   Kelly likes   **spinach / onions**   .

2   Kelly   **likes / hates**   carrots.

Dictation   대화를 다시 들으면서 빈칸을 채워 보세요. 🎧074

> *G*   Tim, _____ you like _____ ?
>
> *B*   _____ , I _____ . What about you, Kelly?
>
> *G*   I _____ like _____ . What is your _____ _____ ?
>
> *B*   I like _____ . Do you _____ them?
>
> *G*   No, I _____ _____ .
>
> *B*   _____ are _____ _____ you.
>
> You _____ _____ them.

★ What about you? 너는 어때? them 그것들을, 그들을

71

23 I can play the guitar.

악기

Key Words 다음 단어를 듣고 따라해 보세요. 🎧075

play
(악기를) 연주하다

piano
피아노

guitar
기타

trumpet
트럼펫

recorder
리코더

violin
바이올린

harmonica
하모니카

ocarina
오카리나

Key Sentences 다음을 듣고 빈칸에 알맞은 단어를 쓰세요. 🎧076

1 I can play the _____ .   나는 기타를 연주할 수 있어요.

2 I can't play the _____ .   나는 오카리나를 연주할 수 없어요.

3 Can you _____ the piano?   당신은 피아노를 연주할 수 있나요?

4 I like to play the _____ .   나는 바이올린 연주하는 것을 좋아해요.

5 Do you like to play the _____ ?   당신은 트럼펫 연주하는 것을 좋아하나요?

6 I want to play the _____ .   나는 하모니카를 연주하고 싶어요.

7 Let's play the _____ together.   같이 리코더를 연주해요.

8 The _____ sounds very good.   피아노는 아주 좋은 소리가 들려요.

1 can ~할 수 있다   7 together 같이, 함께   8 sound (소리가) ~하게 들리다

72

Listening Quiz 다음 대화를 듣고 질문에 답하세요. 🎧 077

A 여자아이가 연주할 수 있는 악기를 고르세요.

ⓐ 　　ⓑ 　　ⓒ

B 내용과 일치하는 것에는 ○, 일치하지 않는 것에는 X에 ✓표시하세요.

1 남자아이는 기타 치는 것을 좋아한다.　　○ ⬜ X ⬜

2 남자아이는 바이올린을 연주할 수 있다.　　○ ⬜ X ⬜

Dictation 대화를 다시 들으면서 빈칸을 채워 보세요. 🎧 077

> *B* I _____ to _____ the _____.
>
> _____ _____ play the _____?
>
> *G* No, I _____. But I _____ play the _____.
>
> *B* Do you like to _____ the _____?
>
> *G* _____, I do. The violin _____ very _____.
>
> _____ you play the _____?
>
> *B* No, I _____.

★ but 하지만

73

24 Let's play tennis.

스포츠

다음 단어를 듣고 따라해 보세요. 🎧078

sport
스포츠, 운동

baseball
야구

basketball
농구

soccer
축구

badminton
배드민턴

volleyball
배구

tennis
테니스

table tennis
탁구

Key Sentences 다음을 듣고 빈칸에 알맞은 단어를 쓰세요. 🎧079

1 Let's play _____. 　　우리 테니스 쳐요.

2 I like to play _____. 　　나는 축구 하는 것을 좋아해요.

3 I don't like to play _____. 　　나는 농구 하는 것을 좋아하지 않아요.

4 What's your favorite _____? 　　당신이 가장 좋아하는 운동은 뭔가요?

5 My favorite sport is _____ _____. 　　내가 가장 좋아하는 운동은 탁구예요.

6 Do you want to play _____? 　　당신은 배드민턴을 치고 싶나요?

7 How about playing _____? 　　배구 하는 건 어때요?

8 Why don't we play _____ together? 　　우리 함께 야구 하지 않을래요?

1 play (스포츠를) 하다　　8 Why don't we ~? 우리 ~하지 않을래?

74

정답과 해석 p.175

Listening Quiz 다음 대화를 듣고 질문에 답하세요. 🎧080

A 두 사람이 같이 하기로 한 운동을 고르세요.

ⓐ  ⓑ  ⓒ

B 내용과 일치하는 것에는 ○, 일치하지 않는 것에는 X에 ✓ 표시하세요.

1 여자아이가 가장 좋아하는 운동은 배드민턴이다.   ○ ▨ X ▨

2 남자아이는 축구가 하고 싶다.   ○ ▨ X ▨

Dictation 대화를 다시 들으면서 빈칸을 채워 보세요. 🎧080

B _____ your favorite _____ ?

G My _____ sport is _____ .

Do you _____ to _____ _____ ?

B _____ , I don't. How about _____ _____ ?

G Well, I don't _____ to play _____ .

B Then _____ don't we _____ _____ together?

G That sounds good. _____ play _____ .

★ That sounds good. 좋은 생각인 것 같아. (제안에 대한 대답)

25 I'm doing my homework.

지금 하고 있는 행동

ride a bike
자전거를 타다

play a game
게임을 하다

keep a diary
일기를 쓰다

watch TV
TV를 보다

study English
영어를 공부하다

take a walk
산책을 하다

do a puzzle
퍼즐을 맞추다

do one's homework
숙제를 하다

Key Sentences 다음을 듣고 빈칸에 알맞은 단어를 쓰세요. 🎧 082

1 I'm _____ ing my _____ .　　　나는 숙제를 하고 있어요.

2 He is _____ ing a _____ .　　　그는 자전거를 타고 있어요.

3 She is _____ ing a _____ .　　　그녀는 산책을 하고 있어요.

4 They are _____ ing _____ .　　　그들은 TV를 보고 있어요.

5 I'm not _____ ing a _____ .　　　나는 게임을 하고 있지 않아요.

6 He isn't _____ ing a _____ .　　　그는 퍼즐을 맞추고 있지 않아요.

7 Are you _____ ing a _____ ?　　　당신은 일기를 쓰고 있나요?

8 Is he _____ ing _____ with you?　　　그는 당신과 함께 영어를 공부하고 있나요?

8 with ~와 함께

정답과 해석 p.175

Listening Quiz 다음 대화를 듣고 질문에 답하세요. 🎧083

A 남자아이가 지금 하고 있는 일을 고르세요.

B 내용과 일치하는 것에는 ○, 일치하지 않는 것에는 X에 ✓표시하세요.

1 Michael is playing a game. ○ ▨ X ▨

2 Sam is watching TV. ○ ▨ X ▨

Dictation 대화를 다시 들으면서 빈칸을 채워 보세요. 🎧083

W Adam, are you _____ your _____?

B No, Mom. _____ _____ a game.

W Is Michael _____ a _____ with you?

B No, he isn't. He is _____ a _____ .

W _____ is Sam _____ then?

B He is _____ _____ .

W Well, do _____ _____ now.

★ mom 엄마 then 그럼, 그러면 now 이제

77

Review

A 다음을 듣고 알맞은 단어를 [보기]에서 찾아 쓰세요.

보기

| sport | restaurant | recorder | spinach |

1 _____   2 _____

3 _____   4 _____

B 다음을 듣고 둘 중 알맞은 단어를 고르세요.

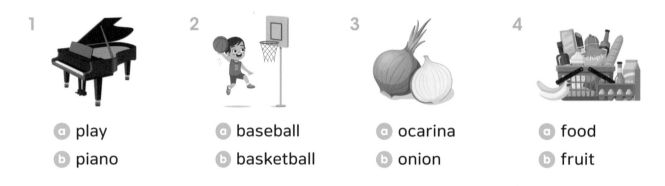

1
ⓐ play
ⓑ piano

2
ⓐ baseball
ⓑ basketball

3
ⓐ ocarina
ⓑ onion

4
ⓐ food
ⓑ fruit

C 다음 문장을 듣고 둘 중 알맞은 단어를 고르세요.

1 Are you   full / hungry   ?

2 I really like   apples / grapes   .

3 Let's play the   trumpet / harmonica   together.

4 Do you want to play   badminton / tennis   ?

5 I'm   playing / watching   a game.

6 I want to eat   bread / pizza   for lunch.

D 다음 문장을 듣고 그림과 일치하는 것에는 O, 일치하지 않는 것에는 X에 ✓표시하세요.

1   O ⬜ X ⬜      2   O ⬜ X ⬜      3   O ⬜ X ⬜

E 다음 문장을 듣고 이어질 대답으로 가장 알맞은 것을 고르세요.

1
   ⓐ I don't like pizza.
   ⓑ I want to eat pizza.

2
   ⓐ No, I can't
   ⓑ Yes, I can play the violin.

3
   ⓐ That sounds good.
   ⓑ My favorite sport is soccer.

4
   ⓐ Carrots are good for you.
   ⓑ I like carrots.

5
   ⓐ I'm doing my homework.
   ⓑ No, I'm studying English.

⭐ 채소

eggplant
가지

potato
감자

sweet potato
고구마

broccoli
브로콜리

cucumber
오이

pumpkin
호박

cabbage
양배추

radish
무

garlic
마늘

pea
완두콩

MP3 085

⭐ 과일

strawberry
딸기

blueberry
블루베리

pineapple
파인애플

banana
바나나

tangerine
귤

cherry
체리

mango
망고

peach
복숭아

pear
배

plum
자두

26 It's one o'clock.

시간 ①

Key Words 다음 단어를 듣고 따라해 보세요. 🎧086

time
시간, 시각

one o'clock
1시

two fifteen
2시 15분

three twenty
3시 20분

twelve thirty
12시 30분

eight forty
8시 40분

ten to five
5시 10분 전

ten past five
5시 10분

Key Sentences 다음을 듣고 빈칸에 알맞은 단어를 쓰세요. 🎧087

1 What _____ is it now?   지금 몇 시인가요?

2 It's _____ _____.   8시 40분이에요.

3 It's _____ to _____.   5시 10분 전이에요.

4 It's _____ _____.   1시예요.

5 It's _____ _____ five.   5시 10분이에요.

6 Let's meet at _____ _____.   3시 20분에 만납시다.

7 Let's have lunch at _____ _____.   12시 30분에 점심을 먹읍시다.

8 The movie starts at _____ _____.   영화는 2시 15분에 시작해요.

---

1 now 지금   3 to ~전까지   4 o'clock ~시 (정각)   5 past ~을 지난   6 meet 만나다 at (시각)에   7 lunch 점심식사

정답과 해석 p.177

Listening Quiz 다음 대화를 듣고 질문에 답하세요. 🎧088

A 지금 시각을 고르세요.

B 내용과 일치하는 것에는 ○, 일치하지 않는 것에는 X에 ✓표시하세요.

1 영화는 2시에 시작한다.   ○⬜ X⬜

2 두 사람은 1시에 점심을 먹기로 했다.   ○⬜ X⬜

Dictation 대화를 다시 들으면서 빈칸을 채워 보세요. 🎧088

B I'm hungry. Let's _____ _____.

G _____ _____ is it _____?

B It's _____ _____.

G What _____ does the _____ _____?

B It starts _____ _____ _____.

G Then _____ have lunch at _____ _____.

B Okay.

8 movie 영화 start 시작하다 ★hungry 배고픈 Okay. 좋아, 그래.

Key Words 다음 단어를 듣고 따라해 보세요. 🎧089

how long
(시간이) 얼마나

hour
한 시간

minute
분

late
늦은

arrive
도착하다

leave
출발하다, 떠나다

miss
놓치다

hurry
서두르다

Key Sentences 다음을 듣고 빈칸에 알맞은 단어를 쓰세요. 🎧090

1 _____ up.   서둘러요.

2 We are _____.   우리는 늦었어요.

3 What time does the bus _____?   버스는 몇 시에 출발하나요?

4 The train will _____ soon.   기차가 곧 도착할 거예요.

5 We will _____ the train.   우리는 기차를 놓칠 거예요.

6 _____ _____ does it take to get to the station?   역까지 가는 데 얼마나 걸리나요?

7 It takes almost an _____.   거의 한 시간 걸려요.

8 It takes about thirty _____s.   30분 정도 걸려요.

3 bus 버스   4 train 기차 will ~할 것이다 soon 곧   6 take (시간이) 걸리다 get to (장소)에 도착하다 station 역

정답과 해석 p.177

Listening Quiz 다음 대화를 듣고 질문에 답하세요. 🎧091

A 기차가 출발하는 시각은 언제인지 고르세요.

ⓐ ⓑ ⓒ

B 내용과 일치하도록 둘 중 알맞은 것을 고르세요.

1 It takes about   thirty / forty   minutes to get to the station.

2 It's   nine o'clock / nine thirty   now.

Dictation 대화를 다시 들으면서 빈칸을 채워 보세요. 🎧091

G Dad, what time does the _____ _____?

M It leaves at _____ _____.

G How _____ does it _____ to get to the _____?

M It _____ about _____ _____.

G Really? What _____ is _____ now?

M It's _____ _____.

_____ _____, or we will _____ the train.

7 almost 거의   8 about ~정도   ★ dad 아빠   Really? 정말?, 진짜?   or 그렇지 않으면

85

28 I go to bed at ten.

하루 일과

Key Words 다음 단어를 듣고 따라해 보세요. 🎧092

breakfast
아침식사

lunch
점심식사

dinner
저녁식사

get up
(잠자리에서) 일어나다

go to school
학교에 가다

get home
집에 오다

brush one's teeth
이를 닦다

go to bed
잠자리에 들다

Key Sentences 다음을 듣고 빈칸에 알맞은 단어를 쓰세요. 🎧093

1 What time do you _____ _____ ?   당신은 몇 시에 일어나나요?

2 I _____ to _____ at eight thirty.   나는 8시 30분에 학교에 가요.

3 It's time for _____ .   점심 먹을 시간이에요.

4 I _____ _____ at five.   나는 5시에 집에 와요.

5 I _____ to _____ at ten.   나는 10시에 잠자리에 들어요.

6 Do you have _____ every day?   당신은 매일 아침식사를 하나요?

7 Let's have _____ together.   같이 저녁 먹어요.

8 I _____ my _____ after lunch.   나는 점심식사 후에 이를 닦아요.

6 every day 매일   8 after ~후에

SCAN ME~
MP3 듣기

공부한 날 :   월   일

정답과 해석 p.177

Listening Quiz 다음 대화를 듣고 질문에 답하세요. 🎧 094

A   남자아이가 8시에 하는 일을 고르세요.

B   내용과 일치하는 것에는 ○, 일치하지 않는 것에는 X에 ✓표시하세요.

1   Tommy gets up at seven.   ○ ▢   X ▢

2   Tommy gets home at five thirty.   ○ ▢   X ▢

Dictation 대화를 다시 들으면서 빈칸을 채워 보세요. 🎧 094

G   Tommy, what _____ do you _____ _____?

B   I _____ _____ at _____.

G   Do you have _____ every _____?

B   Sure. I have _____ at _____.

G   What time do you _____ to _____?

B   I go _____ school at _____ _____.

G   What _____ do you _____ _____?

B   I get _____ at _____.

★ Sure. 물론이지. (긍정의 대답)

29 I'm wearing a skirt.

차림새

Key Words 다음 단어를 듣고 따라해 보세요. 🎧 095

T-shirt 티셔츠	**dress** 원피스, 드레스	**pants** 바지	**skirt** 치마

coat 코트	**necklace** 목걸이	**hat** 모자	**glasses** 안경

Key Sentences 다음을 듣고 빈칸에 알맞은 단어를 쓰세요. 🎧 096

1 I like to wear this _____.   나는 이 티셔츠 입는 것을 좋아해요.

2 I'm wearing a _____.   나는 치마를 입고 있어요.

3 She is wearing a _____.   그녀는 목걸이를 하고 있어요.

4 He is not wearing _____.   그는 안경을 쓰고 있지 않아요.

5 Is he wearing a _____?   그는 코트를 입고 있나요?

6 He always wears a _____.   그는 항상 모자를 써요.

7 She sometimes wears _____.   그녀는 가끔 바지를 입어요.

8 She looks good in a _____.   그녀는 원피스가 잘 어울려요.

---

1 wear (옷을) 입고 있다, (장신구를) 착용하고 있다   6 always 항상   7 sometimes 가끔   8 look good 잘 어울리다

88

정답과 해석 p.178

Listening Quiz 다음 대화를 듣고 질문에 답하세요. 🎧 097

A 여자아이의 언니로 알맞은 그림을 고르세요.

       ⓒ

B 내용과 일치하도록 둘 중 알맞은 것을 고르세요.

1 Nora is wearing   **a dress / pants** .

2 Nora is not wearing   **glasses / a hat** .

Dictation 대화를 다시 들으면서 빈칸을 채워 보세요. 🎧 097

G That's _____ sister, Nora.

B Is she _____ a _____ ?

G _____ , she is wearing _____ .

B Is _____ wearing a _____ ?

G _____ , she _____ .

B _____ she wearing _____ ?

G _____ , you are right.

★ sister 언니, 누나, 여동생 right 맞는, 옳은

30 I watch movies in my free time.

취미 생활

Key Words 다음 단어를 듣고 따라해 보세요. 🎧 098

free time
여가 시간

hobby
취미

read books
책을 읽다

draw pictures
그림을 그리다

sing songs
노래를 부르다

listen to music
음악을 듣다

watch movies
영화를 보다

watch soccer games
축구 경기를 보다

Key Sentences 다음을 듣고 빈칸에 알맞은 단어를 쓰세요. 🎧 099

1 What do you do in your _____ _____ ?　당신은 여가 시간에 무엇을 하나요?

2 I _____ _____ in my free time.　나는 여가 시간에 영화를 봐요.

3 I usually _____ _____ in my free time.　나는 여가 시간에 주로 책을 읽어요.

4 I like to _____ _____ .　나는 노래를 부르는 것을 좋아해요.

5 What is your _____ ?　당신은 취미가 뭔가요?

6 My hobby is _____ ing _____ .　내 취미는 그림 그리기예요.

7 Let's _____ to _____ together.　같이 음악을 들어요.

8 Do you like to _____ soccer _____ ?　당신은 축구 경기 보는 것을 좋아하나요?

3 usually 주로, 대개

정답과 해석 p.178

Listening Quiz 다음 대화를 듣고 질문에 답하세요. 🎧 100

A 여자아이가 여가 시간에 주로 하는 활동을 고르세요.

ⓐ  ⓑ ⓒ

B 내용과 일치하는 것에는 ○, 일치하지 않는 것에는 X 에 ✓ 표시하세요.

1 남자아이는 그림 그리기가 취미이다.　　○ ▦　X ▦

2 남자아이는 음악 듣는 것을 좋아하지 않는다.　　○ ▦　X ▦

Dictation 대화를 다시 들으면서 빈칸을 채워 보세요. 🎧 100

> *G* What are you _____ ?
>
> *B* I'm _____ a _____ .
>
> *G* Wow, it's wonderful. Do you _____ to _____ pictures?
>
> *B* Yes, my _____ is _____ _____ .
>
>   What do you _____ in your _____ _____ ?
>
> *G* I _____ listen to _____ in my _____ time.
>
> *B* Really? I _____ to _____ to _____ , too.

★ wonderful 아주 멋진

Review

A 다음을 듣고 알맞은 단어를 [보기]에서 찾아 쓰세요.

보기

| dress | hurry | brush | hobby |

1 _____ 2 _____

3 _____ 4 _____

B 다음을 듣고 둘 중 알맞은 단어를 고르세요.

1
ⓐ shirt
ⓑ skirt

2
ⓐ get up
ⓑ get home

3
ⓐ sing
ⓑ draw

4
ⓐ minute
ⓑ miss

C 다음 문장을 듣고 둘 중 알맞은 단어를 고르세요.

1 It's time for   lunch / dinner   .

2 What time does the train   arrive / leave   ?

3 She is wearing   glasses / pants   .

4 Let's have lunch at one   twenty / thirty   .

5 I watch   games / movies   in my free time.

6 What time do you go to   bed / school   ?

D 다음 문장을 듣고 그림과 일치하는 것에는 ○, 일치하지 않는 것에는 X에 ✓표시하세요.

1   ○ ■ X ■   2   ○ ■ X ■   3   ○ ■ X ■

E 다음 문장을 듣고 이어질 대답으로 가장 알맞은 것을 고르세요.

1
   ⓐ Yes, you are right.
   ⓑ She sometimes wears pants.

2
   ⓐ Yes, I do.
   ⓑ Let's have breakfast together.

3
   ⓐ Let's listen to music.
   ⓑ I usually draw pictures in my free time.

4
   ⓐ It starts at eleven fifteen.
   ⓑ It's eleven o'clock now.

5
   ⓐ We will miss the train.
   ⓑ It takes almost an hour.

Learn More

⭐ 기본적인 시간 말하기

시간을 말할 때는 비인칭 주어 it을 사용합니다. It's 뒤에 시간을 나타내는 표현을 넣으면 되는데, 시간은 기본적으로 시와 분을 나타내는 숫자를 차례대로 말해요. 단, '8시 5분'처럼 '1분~9분'까지의 시간은 숫자 앞에 알파벳 o의 소리를 넣어서 eight-oh-five라고 표현해요. 참고로 정각을 말할 때는 숫자 뒤에 o'clock을 붙입니다.

It's ten o'clock.
10시예요.

It's eight-oh-five.
8시 5분이에요.

It's three thirty-five.
3시 35분이에요.

It's eleven ten.
11시 10분이에요.

⭐ past로 시간 말하기

past는 '~을 지난'이라는 뜻입니다. 그래서 '몇 분 past 몇 시'라고 하면 '몇 시 몇 분'이라는 뜻이 됩니다. 참고로 '15분'은 fifteen 대신 quarter(4분의 1)를, '30분'은 thirty 대신 half(반)를 써서 표현하기도 해요.

It's a quarter past ten.

10시 15분이에요.

It's half past two.

2시 30분이에요.

⭐ to로 시간 말하기

to에는 '~전까지'라는 뜻이 있습니다. 그래서 '몇 분 to 몇 시'는 '몇 시 몇 분 전'이라는 뜻이 됩니다.

It's ten to six.

6시 10분 전이에요.

It's a quarter to four.

4시 15분 전이에요.

Key Words 다음 단어를 듣고 따라해 보세요. 🎧103

ill
아픈

healthy
건강한

fever
열

cough
기침

headache
두통

stomachache
복통, 위통

toothache
치통

earache
귓병

Key Sentences 다음을 듣고 빈칸에 알맞은 단어를 쓰세요. 🎧104

1 I'm very _____.   나는 아주 건강해요.

2 I have a _____.   나는 두통이 있어요.

3 I don't have a _____.   나는 열이 없어요.

4 He has a _____.   그는 복통이 있어요.

5 She doesn't have an _____.   그녀는 귓병이 없어요.

6 Are you _____?   당신은 아픈가요?

7 Do you have a _____?   당신은 기침을 하나요?

8 Does he have a _____?   그는 치통이 있나요?

2 have 가지고 있다   4 has 가지고 있다 (have의 3인칭 단수형)

정답과 해석 p.180

Listening Quiz 다음을 듣고 질문에 답하세요. 🎧105

A 남자아이의 증상으로 알맞은 것을 고르세요.

 ⓐ

 ⓑ

 ⓒ

B 내용과 일치하도록 둘 중 알맞은 단어를 고르세요.

1 Michael has a   **fever / cough** .

2 Ellie has a   **stomachace / headache** .

Dictation 다시 들으면서 빈칸을 채워 보세요. 🎧105

B We are _____.

I _____ a _____.

Tom _____ a _____.

Michael has _____ _____.

Laura _____ a _____.

Ellie _____ _____ a stomachache, but she _____

a _____.

★ but 하지만

97

32 You should see a doctor.

질병과 건강 ②

Key Words 다음 단어를 듣고 따라해 보세요. 🎧106

cold
감기

wrong
잘못된, 문제가 있는

sore throat
목 아픔

runny nose
콧물

medicine
약

stay home
집에 머무르다

see a doctor
병원에 가다, 진찰을 받다

get some rest
휴식을 취하다

Key Sentences 다음을 듣고 빈칸에 알맞은 단어를 쓰세요. 🎧107

1 What's _____ with you?   당신에게 무슨 문제가 있나요? / 어디가 아파요?

2 I have a _____ _____.   나는 콧물이 나와요.

3 I caught a _____.   나는 감기에 걸렸어요.

4 Do you have a _____ _____?   당신은 목이 아픈가요?

5 I have to _____ _____.   나는 집에 머물러야 해요.

6 Did you take some _____?   당신은 약을 먹었나요?

7 You should _____ a _____.   당신은 병원에 가야 해요.

8 Why don't you _____ some _____?   휴식을 취하는 게 어때요?

---

3 caught (병에) 걸렸다 (catch의 과거형)　5 have to ~해야 한다　6 take (약을) 먹다　some 조금의　7 should ~해야 한다

SCAN ME~

MP3 듣기

정답과 해석 p.180

Listening Quiz 다음 대화를 듣고 질문에 답하세요. 🎧 108

A 여자아이가 남자아이에게 제안한 행동으로 알맞은 것을 고르세요.

ⓐ    ⓑ    ⓒ

B 내용과 일치하는 것에는 ○, 일치하지 않는 것에는 X에 ✓표시하세요.

1 남자아이는 콧물이 나온다.   ○ ▨ X ▨

2 남자아이는 아직 약을 먹지 않았다.   ○ ▨ X ▨

Dictation 대화를 다시 들으면서 빈칸을 채워 보세요. 🎧 108

G Suho, you look sick. What's _____ _____ you?

B I _____ a _____ . I _____ a _____ nose.

G That's too bad. Did you _____ some _____?

B Yes, I _____ . I have to _____ some _____ .

G _____ don't you _____ a _____ ?

B Okay. I will.

8 Why don't you ~? ~하는 게 어때? ★ look ~하게 보이다 sick 아픈 will ~할 것이다

99

33 It's one hundred won.

쇼핑 ①

Key Words 다음 단어를 듣고 따라해 보세요. 🎧109

how much
(양, 값이) 얼마

one hundred
백(100)

one thousand
천(1,000)

ten thousand
만(10,000)

gift
선물

take
선택하다, 사다

cheap
싼

expensive
비싼

Key Sentences 다음을 듣고 빈칸에 알맞은 단어를 쓰세요. 🎧110

1 I'm looking for a _____ for my mom.　　　나는 엄마를 위한 선물을 찾고 있어요.

2 It's too _____.　　　그것은 너무 비싸요.

3 _____ _____ is it?　　　그것은 얼마인가요?

4 It's _____ _____ won.　　　그것은 100원이에요.

5 They are _____ _____ won.　　　그것들은 1,000원이에요.

6 The T-shirt is _____ _____ won.　　　그 티셔츠는 10,000원이에요.

7 These socks are _____.　　　이 양말은 싸요.

8 I'll _____ it.　　　그걸로 살게요.

1 look for ~을 찾다　2 too 너무　4 won 원(돈의 단위)　6 T-shirt 티셔츠　7 these 이, 이것들　socks 양말

정답과 해석 p.180

Listening Quiz   다음 대화를 듣고 질문에 답하세요. 🎧 111

A   양말의 가격이 얼마인지 고르세요.

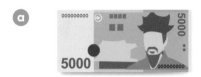      

B   내용과 일치하는 것에는 ○, 일치하지 않는 것에는 ✕에 ✔표시하세요.

1   여자아이는 엄마를 위한 선물을 찾고 있다.   ○ ▨   ✕ ▨

2   여자아이는 티셔츠를 사기로 했다.   ○ ▨   ✕ ▨

Dictation   대화를 다시 들으면서 빈칸을 채워 보세요. 🎧 111

— M   May I help you?

— G   Yes, I'm _____ for a _____ for my _____.

— _____ _____ is this T-shirt?

— M   _____ fifty _____ won.

— G   Oh, it's too _____. How much are _____ _____?

— M   They are _____ _____ won.

— G   _____ _____ won? I'll _____ them.

★ May I help you? 도와드릴까요? (가게에서 점원이 묻는 말) fifty thousand 5만

34 I want to exchange this item.

쇼핑 ②

Key Words 다음 단어를 듣고 따라해 보세요. 🎧112

buy
사다, 구매하다

bought
샀다 (buy의 과거형)

online
온라인으로

get
얻다, 구하다

on sale
세일 중인, 판매 중인

sold out
다 팔린

exchange
교환, 교환하다

refund
환불, 환불하다

Key Sentences 다음을 듣고 빈칸에 알맞은 단어를 쓰세요. 🎧113

1 I want to _____ this.　　　　　나는 이것을 사고 싶어요.

2 Can I _____ a yellow one?　　　노란색 물건을 구할 수 있을까요?

4 The bicycle is _____ _____.　그 자전거는 세일/판매 중이에요.

5 The tickets are _____ _____.　그 표들은 다 팔렸어요.

5 I want to _____ this item.　　　이 물건을 교환하고 싶어요.

6 Can I get a _____ on this bag?　이 가방을 환불받을 수 있을까요?

7 My mom _____ me these shoes.　엄마가 제게 이 신발을 사 주셨어요.

8 I bought this muffler _____.　　나는 이 목도리를 온라인으로 샀어요.

2 yellow 노란색의　　3 bicycle 자전거　　4 ticket 표　　5 item 물건　　6 bag 가방　　7 shoes 신발　　8 muffler 목도리

정답과 해석 p.181

Listening Quiz 다음 대화를 듣고 질문에 답하세요. 🎧114

A 여자아이가 원하는 물건을 고르세요.

    ⓑ    ⓒ

B 내용과 일치하는 것에는 O, 일치하지 않는 것에는 X에 ✔표시하세요.

1 여자아이는 물건의 색깔이 맘에 들지 않는다.   O ▢ X ▢

2 여자아이는 물건을 교환받기로 했다.   O ▢ X ▢

Dictation 대화를 다시 들으면서 빈칸을 채워 보세요. 🎧114

M _____ I _____ you?

G Yes. My mom _____ me this _____. I want to _____ it.

M What's _____ with it?

G I _____ _____ the color. Can I _____ a _____ one?

M I'm sorry, but the _____ bags are _____ _____ .

G Well, can I get a _____ on this?

M No problem.

★ color 색깔 No problem. 문제없어요, 그럼요.

103

35 May I speak to Jane?

전화 통화

Key Words 다음 단어를 듣고 따라해 보세요. 🎧115

call
전화하다

speak to
~와 통화하다/이야기하다

hear
들리다, 듣다

ring
(전화가) 울리다

wrong number
잘못된 전화번호

speak up
더 크게 말하다

hold on
(전화를 안 끊고) 기다리다

leave a message
메시지를 남기다

Key Sentences 다음을 듣고 빈칸에 알맞은 단어를 쓰세요. 🎧116

1 May I ＿＿＿＿＿ ＿＿＿＿＿ Jane?　　　　제인과 통화할 수 있을까요?

2 I can't ＿＿＿＿＿ you well.　　　　당신의 목소리를 잘 들을 수 없어요.

3 Could you ＿＿＿＿＿ ＿＿＿＿＿, please?　　　　더 크게 말해 주시겠어요?

4 Can I ＿＿＿＿＿ a ＿＿＿＿＿ for her?　　　　그녀에게 메시지를 남겨도 될까요?

5 ＿＿＿＿＿ ＿＿＿＿＿, please.　　　　끊지 말고 기다려 주세요.

6 You have the ＿＿＿＿＿ ＿＿＿＿＿.　　　　전화 잘못 거셨어요.

7 The phone is ＿＿＿＿＿ing.　　　　전화벨이 울리고 있어요.

8 Please tell her I'll ＿＿＿＿＿ her tomorrow.　　　　내일 전화할 거라고 그녀에게 전해 주세요.

2 well 잘　3 Could you ~? ~해 주시겠어요?　7 phone 전화기　8 tell 전하다, 말하다　tomorrow 내일

공부한 날 :   월   일

정답과 해석 p.181

Listening Quiz 다음 대화를 듣고 질문에 답하세요. 🎧117

A   남자아이가 내일 할 행동을 고르세요.

B   내용과 일치하는 것에는 ○, 일치하지 않는 것에는 ✕에 ✓표시하세요.

1   하진이는 지금 집에 없다.   ○ ⬜ ✕ ⬜

2   하진이는 남자아이에게 전화할 것이다.   ○ ⬜ ✕ ⬜

Dictation 대화를 다시 들으면서 빈칸을 채워 보세요. 🎧117

G   Hello?

B   Hello. _____ is Jace. _____ I _____ to Hajin?

G   Sorry. _____ is _____ home right now.

B   _____ I _____ a _____ for hor?

G   Sure.

B   Please _____ her I'll _____ her _____ .

★ home 집에 right now 지금은, 지금 당장

105

A 다음을 듣고 알맞은 단어를 [보기]에서 찾아 쓰세요.

보기

| cold | exchange | take | ill |

1 _____   2 _____

3 _____   4 _____

B 다음을 듣고 둘 중 알맞은 단어를 고르세요.

1
ⓐ online
ⓑ on sale

2
ⓐ hear
ⓑ ring

3
ⓐ hundred
ⓑ thousand

4
ⓐ headache
ⓑ earache

C 다음 문장을 듣고 둘 중 알맞은 단어를 고르세요.

1 My mom **buys / bought** me these shoes.

2 Do you have a sore **throat / nose** ?

3 Could you **speak / hold** up, please?

4 She doesn't have a **stomachache / toothache** .

5 It's too **expensive / cheap** .

6 You should **see / call** a doctor.

D 다음 문장을 듣고 그림과 일치하는 것에는 O, 일치하지 않는 것에는 X에 ✓표시하세요.

1 O ▢ X ▢

2 O ▢ X ▢

3 O ▢ X ▢

E 다음 문장을 듣고 이어질 대답으로 가장 알맞은 것을 고르세요.

1  ?
- ⓐ Yes, I do.
- ⓑ Yes, I'm very healthy.

2 ?
- ⓐ I'm looking for a gift for my mom.
- ⓑ It's fifty thousand won.

3 ?
- ⓐ The phone is ringing.
- ⓑ Sure.

4 ?
- ⓐ That's too bad.
- ⓑ I caught a cold.

5 ?
- ⓐ No problem.
- ⓑ I'm sorry, but they are sold out.

107

Learn More 화폐 단위와 가격

⭐ 화폐 단위

한국에서는 화폐 단위로 '원'을 사용하죠. 그 밖의 다양한 나라에서 사용하는 화폐 단위를 배워 보세요.

dollar
달러 (미국)

pound
파운드 (영국)

yen
엔 (일본)

euro
유로 (유럽)

yuan
위안 (중국)

dong
동 (베트남)

rupee
루피 (인도)

ruble
루블 (러시아)

SCAN ME~ MP3 119

⭐ 가격

영어에는 만과 10만을 가리키는 단어가 따로 없어서 hundred(백)와 thousand(천)를 사용해서 표현합니다. 예를 들어 20,000은 twenty(20) 뒤에 thousand(1,000)를 넣어 말하면 돼요.

It's three thousand two hundred won.
그건 3,200원이에요.

It's nine thousand nine hundred ninety won.
그건 9,990원이에요.

It's twenty thousand won.
그건 20,000원이에요.

It's fifty-seven thousand won.
그건 57,000원이에요.

It's ninety-nine thousand won.
그건 99,000원이에요.

It's one hundred thousand won.
그건 10만원이에요.

36 I go to school by bus.

이동 수단

Key Words 다음 단어를 듣고 따라해 보세요. 🎧120

bicycle
자전거

bus
버스

taxi
택시

car
자동차

airplane
비행기

subway
지하철

train
기차

on foot
걸어서

Key Sentences 다음을 듣고 빈칸에 알맞은 단어를 쓰세요. 🎧121

1 This is my _____ .   이것은 내 자동차예요.

2 Let's take a _____ .   택시를 탑시다.

3 I go to school by _____ .   나는 버스를 타고 학교에 가요.

4 My father goes to work by _____ .   제 아버지는 지하철을 타고 출근하세요.

5 Do you go to school by _____ ?   당신은 자전거를 타고 학교에 가나요?

6 How long does it take by _____ ?   기차를 타면 시간이 얼마나 걸리나요?

7 It takes ten minutes _____ _____ .   걸어서 10분이 걸려요.

8 Please board the _____ .   비행기에 탑승해 주세요.

---

2 take (교통수단을) 타다 3 school 학교 by ~으로 (방법) 4 work 일, 직장 6 how long (시간이) 얼마나 take (시간이) 걸리다

공부한 날 :　　　　월　　　　일

정답과 해석 p.183

Listening Quiz 다음 대화를 듣고 질문에 답하세요. 🎧 122

A 남자아이가 학교에 가는 방법을 고르세요.

ⓐ  ⓑ  ⓒ

B 내용과 일치하는 것에는 O, 일치하지 않는 것에는 X 에 ✓ 표시하세요.

1 여자아이는 걸어서 학교에 간다.　　　　O ▨　X ▨

2 여자아이는 학교에 가는 데 10분이 걸린다.　　O ▨　X ▨

Dictation 대화를 다시 들으면서 빈칸을 채워 보세요. 🎧 122

— G Minju, do you go to school ＿＿＿＿＿ ＿＿＿＿＿?

— B No, I ＿＿＿＿＿.

— G ＿＿＿＿＿ do you ＿＿＿＿＿ to school?

— B I ＿＿＿＿＿ ＿＿＿＿＿ school by ＿＿＿＿＿. What about you?

— G I go to ＿＿＿＿＿ ＿＿＿＿＿ ＿＿＿＿＿.

— B ＿＿＿＿＿ ＿＿＿＿＿ does it take by ＿＿＿＿＿?

— G It ＿＿＿＿＿ ＿＿＿＿＿ minutes.

7 minute 분　8 board (비행기, 배 등에) 탑승하다　★ What about you? 너는 어때?

37 English is my favorite subject.
과목

subject
과목

Korean
국어, 한국어

English
영어

science
과학

math
수학

P.E.
체육

music
음악

art
미술

Key Sentences 다음을 듣고 빈칸에 알맞은 단어를 쓰세요. 🎧124

1 I'm good at _____.　　　　　　나는 음악을 잘해요.

2 I'm not good at _____.　　　　나는 미술을 잘하지 못해요.

3 What is your favorite _____?　　당신이 가장 좋아하는 과목은 무엇인가요?

4 My favorite subject is _____.　　내가 가장 좋아하는 과목은 과학이에요.

5 _____ is my favorite subject.　　영어는 내가 가장 좋아하는 과목이에요.

6 We have _____ class today.　　우리는 오늘 국어 수업이 있어요.

7 Our next class is _____.　　　　우리의 다음 수업은 수학이에요.

8 _____ classes are always fun.　　체육 수업은 항상 재미있어요.

---

1 good at ~을 잘하는　3 favorite 가장 좋아하는　6 class 수업　7 next 다음의　8 always 항상　fun 재미있는

정답과 해석 p.183

Listening Quiz　다음 대화를 듣고 질문에 답하세요. 🎧125

A　여자아이가 가장 좋아하는 과목을 고르세요.

ⓐ  　　ⓑ  　　ⓒ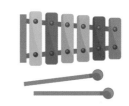

B　내용과 일치하도록 둘 중 알맞은 단어를 고르세요.

1　Roy's favorite subject is 　math / science　.

2　Roy is not good at 　art / music　.

Dictation　대화를 다시 들으면서 빈칸을 채워 보세요. 🎧125

G　Roy, what is your _____ _____?

B　My favorite _____ is _____. How about you?

G　_____ is my favorite subject. Do you _____ _____?

B　_____, I don't. I'm not _____ at _____.

G　Do you _____ _____?

B　_____, I do. _____ _____ are always _____.

★How about you? 너는 어때?

113

38 The math test was easy.

감상과 느낌

think
생각하다

funny
웃긴

easy
쉬운

difficult
어려운

boring
지루한

interesting
재미있는

exciting
흥미진진한, 신나는

perfect
완벽한

Key Sentences 다음을 듣고 빈칸에 알맞은 단어를 쓰세요. 🎧127

1 The math test was _____ .　　　　수학 시험은 쉬웠어요.

2 The class was _____ .　　　　그 수업은 지루했어요.

3 Is the play _____ ?　　　　그 연극은 웃긴가요?

4 What do you _____ about the movie?　그 영화에 대해 어떻게 생각하나요?

5 The movie was _____ .　　　　그 영화는 완벽했어요.

6 I think the book is _____ .　　　　나는 그 책이 재미있다고 생각해요.

7 I think it was very _____ .　　　　나는 그것이 아주 어려웠다고 생각해요.

8 Do you think the movie is _____ ?　당신은 그 영화가 흥미진진하다고 생각하나요?

---

1 math 수학 test 시험　3 play 연극　4 movie 영화　6 book 책

공부한 날 :   월   일

정답과 해석 p.184

Listening Quiz 다음 대화를 듣고 질문에 답하세요. 🎧128

A 남자아이가 수학에 대해 느끼는 감상을 고르세요.

ⓐ    ⓑ    ⓒ

B 내용과 일치하는 것에는 ○, 일치하지 않는 것에는 ✕에 ✔표시하세요.

1 남자아이는 수학 시험이 쉬웠다고 생각한다.   ○ ▨ ✕ ▨

2 여자아이는 수학이 아주 재미있다고 생각한다.   ○ ▨ ✕ ▨

Dictation 대화를 다시 들으면서 빈칸을 채워 보세요. 🎧128

G _____ was the _____ _____?

B It _____ _____.

G Really? I _____ it was _____.

B _____ you like _____?

G _____, I do. Math is _____ _____.

B Well, I _____ math is _____.

★ Really? 정말?, 진짜?

115

39 He is smart.

사람의 특징

Key Words 다음 단어를 듣고 따라해 보세요. 🎧129

best friend
가장 친한 친구

kind
친절한

shy
부끄러움을 많이 타는

active
활동적인

smart
똑똑한

pretty
예쁜

handsome
잘생긴

cute
귀여운

Key Sentences 다음을 듣고 빈칸에 알맞은 단어를 쓰세요. 🎧130

1 He is _____. 그는 똑똑해요.

2 He is very _____. 그는 아주 잘생겼어요.

3 She is _____. 그녀는 부끄러움을 많이 타요.

4 Yuna is my _____ _____. 유나는 내 가장 친한 친구예요.

5 She is always _____. 그녀는 항상 친절해요.

6 My friend is _____. 내 친구는 예뻐요.

7 He is a very _____ boy. 그는 매우 활동적인 남자아이예요.

8 She is a _____ girl. 그녀는 귀여운 여자아이예요.

5 always 항상 6 friend 친구 7 boy 남자아이 8 girl 여자아이

116

정답과 해석 p.184

Listening Quiz 다음을 듣고 질문에 답하세요. 🎧 131

A　제임스의 특징으로 알맞은 것을 고르세요.

ⓐ 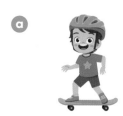 　　ⓑ  　　ⓒ

B　내용과 일치하는 것에는 ○, 일치하지 않는 것에는 ✕에 ✓표시하세요.

1　미나는 여자아이의 가장 친한 친구이다.　　○ ▢　✕ ▢

2　샘은 수줍음을 많이 타는 성격이다.　　○ ▢　✕ ▢

Dictation 다시 들으면서 빈칸을 채워 보세요. 🎧 131

G　Let me introduce ＿＿＿＿＿ ＿＿＿＿＿.

Mina is my ＿＿＿＿＿ ＿＿＿＿＿. She is ＿＿＿＿＿ ＿＿＿＿＿.

Grace is an ＿＿＿＿＿ ＿＿＿＿＿.

James is not ＿＿＿＿＿, but he is very ＿＿＿＿＿.

Sam is ＿＿＿＿＿ ＿＿＿＿＿.

He ＿＿＿＿＿ also ＿＿＿＿＿.

★ introduce 소개하다　but 하지만　also 또한

117

40 I'm taller than you.

비교

다음 단어를 듣고 따라해 보세요. 🎧132

bigger
더 큰

smaller
더 작은

older
더 나이 많은

younger
더 젊은, 더 어린

heavier
더 무거운

lighter
더 가벼운

taller
더 키가 큰

shorter
더 키가 작은

Key Sentences 다음을 듣고 빈칸에 알맞은 단어를 쓰세요. 🎧133

1 He is my _____ brother.   그는 내 형/오빠예요.

2 I'm _____ than you.   나는 당신보다 더 키가 커요.

3 I'm much _____ than you.   나는 당신보다 훨씬 더 가벼워요.

4 He is _____ than his brother.   그는 자기 형제보다 더 무거워요.

5 She is _____ than me.   그녀는 나보다 더 키가 작아요.

6 My bag is _____ than yours.   내 가방은 당신 것보다 더 작아요.

7 My sister is ten years _____ than me. 내 여동생은 나보다 10살 더 어려요.

8 Which animal is _____ ?   어떤 동물이 더 큰가요?

---

1 brother 남자 형제   2 than ~보다   3 much 훨씬 (비교급을 강조할 때)   6 yours 당신의 것   7 ten 열, 10 year ~살

정답과 해석 p.184

Listening Quiz 다음 대화를 듣고 질문에 답하세요. 🎧134

A 남자아이는 자기 형제와 몇 살 차이인지 고르세요.

ⓐ 　　ⓑ 　　ⓒ

B 내용과 일치하도록 둘 중 알맞은 단어를 고르세요.

1 Jinsu is   younger / older   than his brother.

2 Jinsu is   taller / shorter   than his brother.

Dictation 대화를 다시 들으면서 빈칸을 채워 보세요. 🎧134

G Jinsu, _____ is _____ boy?

B He is _____ _____ .

G Is he your _____ _____ ?

B _____ , he is my _____ _____ .

　　He is _____ years _____ _____ me.

G He is very _____ . Is he _____ _____ you?

B _____ , he isn't. He is _____ than _____ .

8 which 어떤 animal 동물

Review 36-40

A 다음을 듣고 알맞은 단어를 [보기]에서 찾아 쓰세요.

> 보기
>
> **Korean**　　　**shorter**　　　**active**　　　**bicycle**

1 _____　　2 _____

3 _____　　4 _____

B 다음을 듣고 둘 중 알맞은 단어를 고르세요.

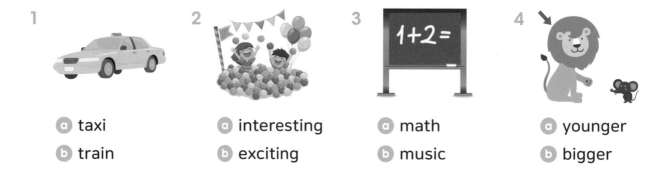

1
ⓐ taxi
ⓑ train

2
ⓐ interesting
ⓑ exciting

3
ⓐ math
ⓑ music

4
ⓐ younger
ⓑ bigger

C 다음 문장을 듣고 둘 중 알맞은 단어를 고르세요.

1 My sister is (**heavier / lighter**) than me.

2 The math test was (**easy / difficult**) .

3 He is (**cute / handsome**) .

4 How long does it take by (**airplane / subway**) ?

5 We have (**art / English**) class today.

6 He is a very (**shy / smart**) boy.

D 다음 문장을 듣고 그림과 일치하는 것에는 O, 일치하지 않는 것에는 X에 ✓표시하세요.

1 O⬜ X⬜   2 O⬜ X⬜   3 O⬜ X⬜

E 다음 문장을 듣고 이어질 대답으로 가장 알맞은 것을 고르세요.

1
   ⓐ Science is my favorite subject.
   ⓑ I'm not good at science.

2
   ⓐ No, he is taller than me.
   ⓑ No, he is my younger brother.

3
   ⓐ No, I don't.
   ⓑ I go to school by bus.

4
   ⓐ Yes, she is.
   ⓑ She is not smart.

5
   ⓐ It was easy.
   ⓑ No, it was boring.

121

Learn More 비교급의 형태

⭐ 규칙 변화(1~2음절)

비교급은 형용사와 부사의 한 형태로, '더 ~한/하게'라는 뜻을 나타내요. 대부분의 형용사와 부사의
비교급은 원래 형태인 원급 끝에 er을 붙여서 만들어요.

종류	규칙	원급	비교급
일반적인 형용사/부사	끝에 **er**을 붙여요	**tall** 키가 큰	**taller**
		old 나이 많은	**older**
		small 작은	**smaller**
e로 끝나는 형용사/부사	끝에 **r**을 붙여요	**cute** 귀여운	**cuter**
		brave 용감한	**braver**
		simple 간단한	**simpler**
[자음+**y**]로 끝나는 형용사/부사	**y**를 **i**로 바꾸고 **er**을 붙여요	**heavy** 무거운	**heavier**
		happy 행복한	**happier**
[단모음+단자음]으로 끝나는 형용사/부사	마지막 자음을 한 번 더 쓰고 **er**을 붙여요	**big** 큰	**bigger**
		fat 뚱뚱한	**fatter**
		hot 더운	**hotter**

⭐ 규칙 변화(3음절 이상)

3음절 이상의 긴 단어들은 er을 붙이지 않고, 형용사와 부사 앞에 more를 넣어서 비교급을 만들어요.

종류	규칙	원급	비교급
3음절 이상의 형용사/부사	more + 형용사/부사	beautiful 아름다운	more beautiful
		expensive 비싼	more expensive
		difficult 어려운	more difficult
		delicious 맛있는	more delicious

⭐ 불규칙 변화

원급과 완전히 다른 형태로 바뀌는 비교급도 있습니다. 개수가 많지는 않으니까 그대로 외워 주세요.

원급	비교급	원급	비교급
good 좋은	better	little 적은	less
well 잘	better	much 많은	more
bad 나쁜	worse	many 많은	more

41 I exercise once a week.
활동 빈도

exercise
운동하다

go hiking
하이킹을 가다

go jogging
조깅하러 가다

go swimming
수영하러 가다

once
한 번

twice
두 번

three times
세 번

every day
매일

Key Sentences 다음을 듣고 빈칸에 알맞은 단어를 쓰세요. 🎧138

1 I brush my teeth _____ _____ a day.　　나는 하루에 세 번 이를 닦아요.

2 Do you like to _____ _____?　　당신은 하이킹 가는 것을 좋아하나요?

3 How often do you _____?　　당신은 얼마나 자주 운동하나요?

4 We go camping _____ a month.　　우리는 한 달에 두 번 캠핑하러 가요.

5 I go shopping _____ _____.　　나는 매일 쇼핑하러 가요.

6 I _____ _____ three times a week.　　나는 일주일에 세 번 수영하러 가요.

7 I exercise _____ a week.　　나는 일주일에 한 번 운동해요.

8 I _____ _____ every day.　　나는 매일 조깅하러 가요.

1 brush one's teeth 이를 닦다　3 often 자주　4 go camping 캠핑 가다　month 달　5 go shopping 쇼핑하러 가다　6 week 주

정답과 해석 p.186

Listening Quiz 다음 대화를 듣고 질문에 답하세요. 🎧139

A 여자아이가 매일 하는 일을 고르세요.

B 내용과 일치하도록 둘 중 알맞은 단어를 고르세요.

1 Junsu goes (swimming / jogging) twice a week.

2 Yeju goes hiking (once / twice) a month.

Dictation 대화를 다시 들으면서 빈칸을 채워 보세요. 🎧139

> **G** Junsu, do you _____ to go _____?
>
> **B** Yes, I do.
>
> **G** _____ _____ do you go _____?
>
> **B** I _____ swimming _____ a _____.
>
> _____ often do you _____, Yeju?
>
> **G** I go _____ _____ day.
>
> I also go _____ _____ a _____.

8 every day 매일

125

Key Words 다음 단어를 듣고 따라해 보세요. 🎧140

park
공원

hospital
병원

theater
극장

library
도서관

museum
박물관

department store
백화점

post office
우체국

across from
~의 맞은편에

Key Sentences 다음을 듣고 빈칸에 알맞은 단어를 쓰세요. 🎧141

1 I want to go to the _____. 나는 도서관에 가고 싶어요.

2 I'm going to the _____. 나는 극장에 가고 있어요.

3 Do you see the _____ over there? 저기 있는 박물관이 보이세요?

4 Where is the _____ _____? 백화점은 어디에 있나요?

5 It's _____ _____ the school. 그곳은 학교 맞은편에 있어요.

6 It's between the _____ and the park. 그곳은 병원과 공원 사이에 있어요.

7 It's next to the _____ _____. 그곳은 우체국 옆에 있어요.

8 I will go to the _____ tomorrow. 나는 내일 공원에 갈 거예요.

---

1 go to ~에 가다 3 see 보이다, 보다 over there 저기 있는, 저기에 5 school 학교 6 between A and B A와 B 사이에

정답과 해석 p.186

Listening Quiz 다음 대화를 듣고 질문에 답하세요. 🎧142

A 남자아이가 가고 있는 장소가 어디인지 고르세요.

ⓐ
Post Office

ⓑ
Library

ⓒ

B 내용과 일치하도록 둘 중 알맞은 단어를 고르세요.

1 Ella is going to the (**post office / park**).

2 The library is across from the (**museum / theater**).

Dictation 대화를 다시 들으면서 빈칸을 채워 보세요. 🎧142

B Hi, Ella. _____ are you _____?

G I'm _____ to the _____ _____. How about you?

B I'm going _____ the _____.

G _____ is the _____?

B Well, do you _____ the _____ over there?

G Yes.

B The _____ is _____ from the _____.

7 next to ~옆에　8 tomorrow 내일　★ Hi. 안녕 (인사말)

43 Turn left at the intersection.
길 안내

Key Words 다음 단어를 듣고 따라해 보세요. 🎧143

right
오른쪽

left
왼쪽

corner
모퉁이

away
(위치가) 떨어진 곳에

turn
돌다

get to
~에 도착하다

go straight
직진하다

keep walking
계속 걷다

Key Sentences 다음을 듣고 빈칸에 알맞은 단어를 쓰세요. 🎧144

1 How can I _____ _____ the park?　　공원까지 어떻게 가나요?

2 _____ _____ three blocks.　　세 블록 직진하세요.

3 It's on your _____.　　그곳은 당신의 오른쪽에 있어요.

4 It's on the _____.　　그곳은 모퉁이에 있어요.

5 _____ right at the hospital.　　병원에서 오른쪽으로 도세요.

6 Turn _____ at the intersection.　　교차로에서 왼쪽으로 도세요.

7 _____ _____ until you see the library.　　도서관이 보일 때까지 계속 걸어가세요.

8 It's twenty minutes _____.　　그곳은 20분 떨어진 곳에 있어요.

---

1 park 공원　　2 block (도로가 나뉘는) 블록　　5 hospital 병원　　6 intersection 교차로　　7 until ~할 때까지　library 도서관

공부한 날 :   월   일

정답과 해석 p.187

Listening Quiz 다음 대화를 듣고 질문에 답하세요. 🎧145

A   다음 그림에서 여자아이가 가고자 하는 장소의 알맞은 위치를 찾으세요.

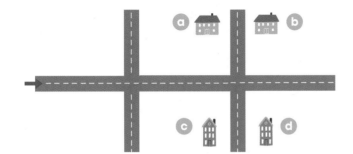

B   내용과 일치하는 것에는 ○, 일치하지 않는 것에는 ✗에 ✔표시하세요.

1   여자아이는 병원에 가는 길을 찾고 있다.   ○ ▨ ✗ ▨

2   여자아이가 찾는 곳은 10분 떨어진 곳에 있다.   ○ ▨ ✗ ▨

Dictation 대화를 다시 들으면서 빈칸을 채워 보세요. 🎧145

> **G** Excuse me. How can I _____ to the _____?
>
> **B** Go _____ two _____ and _____ _____
>
>   at the _____.
>
> **G** Okay.
>
> **B** Then, _____ walking _____ you see the _____.
>
>   It's on your _____. It's _____ minutes _____.
>
> **G** Thank you.

8 twenty 이십, 20 minute 분

129

44 I like January the most.

월과 일 ①

Key Words 다음 단어를 듣고 따라해 보세요. 🎧146

January
1월

February
2월

March
3월

April
4월

May
5월

June
6월

July
7월

August
8월

Key Sentences 다음을 듣고 빈칸에 알맞은 단어를 쓰세요. 🎧147

1 Children's Day is in _____.   어린이날은 5월이에요.

2 I like _____ the most.   나는 1월이 가장 좋아요.

3 My favorite month is _____.   내가 가장 좋아하는 달은 8월이에요.

4 My school's flea market is in _____.   우리 학교의 벼룩시장은 6월이에요.

5 My school's sports day is in _____.   우리 학교의 운동회는 4월이에요.

6 We have a school festival in _____.   우리는 3월에 학교 축제가 있어요.

7 Summer vacation starts in _____.   여름 방학은 7월에 시작해요.

8 My parents' wedding anniversary is in _____.   우리 부모님의 결혼기념일은 2월이에요.

---

1 Children's Day 어린이날   2 most 가장   3 month 달   4 flea market 벼룩시장   5 sports day 운동회   6 festival 축제

정답과 해석 p.187

Listening Quiz 다음 대화를 듣고 질문에 답하세요. 🎧148

A 남자아이 학교의 운동회는 몇 월에 있는지 고르세요.

ⓐ 　　ⓑ 　　ⓒ

B 내용과 일치하는 것에는 ○, 일치하지 않는 것에는 ✕에 ✓표시하세요.

1 남자아이는 4월을 가장 좋아한다.　　○ ✕

2 여름 방학은 7월에 시작한다.　　○ ✕

Dictation 대화를 다시 들으면서 빈칸을 채워 보세요. 🎧148

G _____ is your _____ month?

B My favorite _____ is _____.

G Why?

B We have _____ day in _____.
What _____ do you _____?

G I like _____ the _____.
_____ vacation _____ in _____.

7 summer 여름　vacation 방학, 휴가　8 parent 부모님　wedding anniversary 결혼기념일　★ why 왜

45 My birthday is June 2.
월과 일 ②

Key Words 다음 단어를 듣고 따라해 보세요. 🎧149

September
9월

October
10월

November
11월

December
12월

first
1일, 첫 번째

second
2일, 두 번째

third
3일, 세 번째

month
달

Key Sentences 다음을 듣고 빈칸에 알맞은 단어를 쓰세요. 🎧150

1 What _____ is your birthday?   당신의 생일은 몇 월이에요?

2 My birthday is in _____.   내 생일은 11월이에요.

3 My birthday is June _____.   내 생일은 6월 2일이에요.

4 My mom's birthday is in _____.   우리 엄마의 생신은 12월이에요.

5 My dad's birthday is August _____.   우리 아빠의 생신은 8월 3일이에요.

6 I was born in _____.   나는 9월에 태어났어요.

7 It's March _____ today.   오늘은 3월 1일이에요.

8 Hangul Day is _____ 9(ninth).   한글날은 10월 9일이에요.

1 birthday 생일   4 mom 엄마   5 dad 아빠   6 be born 태어나다   7 today 오늘   9 ninth 9번째, 9일

정답과 해석 p.187

Listening Quiz 다음 대화를 듣고 질문에 답하세요. 🎧151

A 여자아이의 생일이 언제인지 고르세요.

ⓐ    ⓑ SEPTEMBER 2   ⓒ SEPTEMBER 3

B 내용과 일치하는 것에는 O, 일치하지 않는 것에는 X에 ✓ 표시하세요.

1 남자아이는 12월에 태어났다.   O ▦ X ▦

2 오늘은 여자아이의 생일이다.   O ▦ X ▦

Dictation 대화를 다시 들으면서 빈칸을 채워 보세요. 🎧151

G What _____ is _____ _____?

B My _____ is in _____.

G You were _____ _____ winter.

B Right. _____ is your _____?

G My birthday is _____ _____.

B Oh, what's the date _____?

G It's _____ _____ today.

★ were are의 과거형 winter 겨울 date 날짜

133

A 다음을 듣고 알맞은 단어를 [보기]에서 찾아 쓰세요.

> 보기
>
> corner   month   exercise   August

1 _____   2 _____

3 _____   4 _____

B 다음을 듣고 둘 중 알맞은 단어를 고르세요.

1
ⓐ January
ⓑ February

2
ⓐ turn
ⓑ twice

3
ⓐ November
ⓑ December

4
ⓐ hospital
ⓑ library

C 다음 문장을 듣고 둘 중 알맞은 단어를 고르세요.

1 I was born in   June / July .

2 Turn   right / left   at the intersection.

3 Where is the   theater / library   ?

4 I go camping   once / twice   a month.

5 Do you like to go   jogging / hiking   ?

6 We have a school festival in   March / May .

D 다음 문장을 듣고 그림과 일치하는 것에는 O, 일치하지 않는 것에는 X에 ✓표시하세요.

1 O◼ X◼   2 O◼ X◼   3 O◼ X◼

E 다음 문장을 듣고 이어질 대답으로 가장 알맞은 것을 고르세요.

1
ⓐ Oh, I see!
ⓑ I like April the most.

2
ⓐ Go straight and turn right.
ⓑ It's ten minutes away.

3
ⓐ I will go to the post office tomorrow.
ⓑ I'm goint to the post office.

4
ⓐ My birthday is September 2.
ⓑ It's October 1 today.

5
ⓐ Yes, I do.
ⓑ I go swimming once a week.

Learn More 날짜

영어에서 '1일', '2일', '3일' 같은 날짜는 '첫 번째', '두 번째', '세 번째'처럼 '몇 번째'를 뜻하는 서수를 사용해 표현합니다. 1일부터 31일까지를 나타내는 단어를 익혀 봅시다.

first
1일

second
2일

third
3일

fourth
4일

fifth
5일

sixth
6일

seventh
7일

eighth
8일

ninth
9일

tenth
10일

eleventh
11일

twelfth
12일

thirteenth
13일

fourteenth
14일

fifteenth
15일

sixteenth
16일

seventeenth
17일

eighteenth
18일

nineteenth
19일

twentieth
20일

twenty-first
21일

twenty-second
22일

twenty-third
23일

twenty-fourth
24일

twenty-fifth
25일

twenty-sixth
26일

twenty-seventh
27일

twenty-eighth
28일

twenty-ninth
29일

thirtieth
30일

thirty-first
31일

46 I'm going to travel abroad.

방학 계획

vacation
방학, 휴가

go camping
캠핑을 가다

go fishing
낚시하러 가다

practice the guitar
기타를 연습하다

travel abroad
해외여행을 하다

learn Chinese
중국어를 배우다

jump rope
줄넘기를 하다

join a ski club
스키 클럽에 가입하다

Key Sentences 다음을 듣고 빈칸에 알맞은 단어를 쓰세요. 🎧155

1 What are you going to do this _____?   이번 방학에 무엇을 할 예정인가요?

2 I'm going to _____ _____.   나는 중국어를 배울 예정이에요.

3 I'm going to _____ _____.   나는 해외여행을 할 예정이에요.

4 I plan to _____ a _____ _____.   나는 스키 클럽에 가입할 계획이에요.

5 I plan to _____ the _____.   나는 기타를 연습할 계획이에요.

6 I will _____ _____ every day.   나는 매일 줄넘기를 할 거예요.

7 I will _____ _____ with my family.   나는 우리 가족과 캠핑을 갈 거예요.

8 I will _____ _____ during vacation.   나는 방학 동안 낚시하러 갈 거예요.

1 be going to ~할 예정이다   4 plan to ~할 계획이다   6 will ~할 것이다   7 family 가족   8 during ~동안

138

정답과 해석 p.189

Listening Quiz 다음 대화를 듣고 질문에 답하세요. 🎧 156

A 여자아이의 방학 계획으로 알맞은 것을 고르세요.

ⓐ    ⓑ    ⓒ

B 내용과 일치하는 것에는 ○, 일치하지 않는 것에는 X 에 ✓표시하세요.

1 남자아이는 방학 때 기타를 연습할 계획이다.   ○ ▨   X ▨

2 남자아이는 방학 때 줄넘기를 할 예정이다.   ○ ▨   X ▨

Dictation 대화를 다시 들으면서 빈칸을 채워 보세요. 🎧 156

B What _____ you _____ to do this _____?

G I'm going to _____ a _____ _____.

_____ is your _____?

B I _____ to _____ the _____ every day.

C That's nice. Do you _____ any other _____?

B Yes, I'm _____ to _____ _____.

G Wow, you _____ have a busy _____.

★ other 다른   busy 바쁜

139

47 I visited my grandparents.
과거에 한 일 ①

Key Words 다음 단어를 듣고 따라해 보세요. 🎧157

ate
먹었다

drank
마셨다

saw
보았다

went
갔다

helped
도와주었다

visited
방문했다

took a picture
사진을 찍었다

had a good time
즐거운 시간을 보냈다

Key Sentences 다음을 듣고 빈칸에 알맞은 단어를 쓰세요. 🎧158

1 I _____ my grandparents. 나는 조부모님을 방문했어요.

2 I _____ to the beach yesterday. 나는 어제 해변에 갔어요.

3 We _____ a nice view. 우리는 멋진 풍경을 보았어요.

4 I _____ a lot of _____s. 나는 많은 사진을 찍었어요.

5 After lunch, I _____ orange juice. 점심식사 후에 나는 오렌지 주스를 마셨어요.

6 I _____ various foods for lunch. 나는 점심으로 다양한 음식을 먹었어요.

7 I _____ a good _____ with my family. 나는 가족과 함께 즐거운 시간을 보냈어요.

8 I _____ my mother. 나는 어머니를 도와드렸어요.

---

1 grandparent 조부모   2 beach 해변 yesterday 어제   3 view 풍경   4 a lot of 많은   5 after ~후에 lunch 점심식사

140

정답과 해석 p.189

Listening Quiz 다음을 듣고 질문에 답하세요. 🎧159

A 남자아이가 어제 한 일이 <u>아닌</u> 것을 고르세요.

B 내용과 일치하는 것에는 ○, 일치하지 않는 것에는 X 에 ✓표시하세요.

1 남자아이는 어제 제주도에 갔다.　　　　○ ▨ X ▨

2 남자아이는 조부모님을 방문했다.　　　　○ ▨ X ▨

Dictation 다시 들으면서 빈칸을 채워 보세요. 🎧159

> *B* I _____ to Busan _____.
>
> I _____ my _____.
>
> We _____ various _____ for _____.
>
> _____ lunch, we _____ to the _____.
>
> We _____ a nice _____.
>
> I _____ a lot of _____.
>
> I _____ a good _____ with my _____.

orange juice 오렌지 주스　6 various 다양한　food 음식

48 I met my friends yesterday.
과거에 한 일 ②

weekend
주말

played soccer
축구를 했다

rode my bike
자전거를 탔다

made cookies
쿠키를 만들었다

cleaned the room
방을 청소했다

studied hard
열심히 공부했다

met my friends
친구들을 만났다

went skating
스케이트를 타러 갔다

Key Sentences 다음을 듣고 빈칸에 알맞은 단어를 쓰세요. 🎧161

1 What did you do on the _____ ?   당신은 주말에 무엇을 했나요?

2 I _____ the room yesterday.   나는 어제 방을 청소했어요.

3 I _____ soccer with my friends.   나는 친구들과 함께 축구를 했어요.

4 I _____ my friends yesterday.   나는 친구들을 만났어요.

5 I _____ cookies with my mother.   나는 어머니와 함께 쿠키를 만들었어요.

6 We _____ hard together.   우리는 함께 열심히 공부했어요.

7 I _____ my bike last Sunday.   나는 지난주 일요일에 자전거를 탔어요.

8 I _____ skating last weekend.   나는 지난 주말에 스케이트를 타러 갔어요.

3 with ~와 함께   6 hard 열심히   7 last 지난 Sunday 일요일

정답과 해석 p.189

Listening Quiz 다음 대화를 듣고 질문에 답하세요. 🎧162

A 남자아이가 주말에 한 일을 고르세요.

B 내용과 일치하는 것에는 〇, 일치하지 않는 것에는 X에 ✓표시하세요.

1 여자아이는 주말에 스케이트를 탔다. 〇▦ X▦

2 남자아이는 멋진 주말을 보냈다. 〇▦ X▦

Dictation 대화를 다시 들으면서 빈칸을 채워 보세요. 🎧162

> *G* How was _____ _____?
>
> *B* It _____ great.
>
> *G* _____ _____ you do?
>
> *B* I _____ my _____, and we _____ _____.
>
> *G* Wow, you _____ a great _____.
>
> *B* _____ you have a _____ _____, too?
>
> *G* Yes, I _____ my _____.

★ great 멋진, 아주 좋은 and 그리고

143

49 Please come to my party.

초대와 시간 표현

come to
~에 오다

graduation
졸업식

birthday party
생일파티

piano recital
피아노 연주회

tonight
오늘 저녁, 오늘 밤

tomorrow
내일

this week
이번 주

next week
다음 주

Key Sentences 다음을 듣고 빈칸에 알맞은 단어를 쓰세요. 🎧164

1 I have a birthday party _____.   나는 내일 생일파티를 해요.

2 We have graduation _____ _____.   우리는 다음 주에 졸업식이 있어요.

3 Please _____ _____ my party.   내 파티에 와 주세요.

4 Can you come to my _____ _____?   내 피아노 연주회에 올 수 있나요?

5 Will you come to my _____ _____?   내 생일파티에 올 건가요?

6 Do you have any other plans for _____ _____?   이번 주에 다른 계획이 있나요?

7 Would you like to come to my _____?   내 졸업식에 오시겠어요?

8 I will go to Jack's birthday party _____.   나는 오늘 저녁에 잭의 생일파티에 갈 거예요.

6 plan 계획   7 Would you like to ~? ~하시겠어요? (정중하게 부탁하는 말)   8 go to ~에 가다

정답과 해석 p.190

Listening Quiz 다음 대화를 듣고 질문에 답하세요. 🎧165

A 오늘 저녁에 남자아이가 갈 곳을 고르세요.

B 내용과 일치하는 것에는 ○, 일치하지 않는 것에는 X에 ✓표시하세요.

1 남자아이의 생일파티는 내일이다.　　　　　○ ▨　X ▨

2 여자아이는 남자아이의 졸업식에 갈 것이다.　○ ▨　X ▨

Dictation 대화를 다시 들으면서 빈칸을 채워 보세요. 🎧165

> *B* _____ is your _____ _____?
>
> *G* It's _____.
>
> _____ you like to _____ to my _____ _____?
>
> *B* Of course. By the way, my _____ is _____.
>
> _____ you come to my _____ _____?
>
> *G* _____? Sorry. I can't.
>
> I will _____ to my sister's _____.

★ Of course. 물론이지. (긍정의 대답) by the way 그런데, 그건 그렇고 (화제를 전환할 때)

145

Key Words 다음 단어를 듣고 따라해 보세요. 🎧166

energy 에너지	**short shower** 짧은 샤워	**shopping bag** 장바구니	**Earth** 지구
recycle 재활용하다	**plant** 심다	**save** 절약하다; 구하다	**turn off** (전기·수도를) 끄다

Key Sentences 다음을 듣고 빈칸에 알맞은 단어를 쓰세요. 🎧167

1 Let's save the _____ together.   함께 지구를 구해요.

2 We need to _____ water.   우리는 물을 절약할 필요가 있어요.

3 We have to _____ cans and bottles.   우리는 캔과 병을 재활용해야 해요.

4 We should save _____.   우리는 에너지를 절약해야 해요.

5 I will take a _____ _____.   나는 짧은 샤워를 할 거예요.

6 Did you _____ _____ the lights?   당신은 불을 껐나요?

7 We can use _____ _____s.   우리는 장바구니를 사용할 수 있어요.

8 It is important to _____ trees.   나무를 심는 것은 중요해요.

---

2 need to ~할 필요가 있다 water 물   3 can 캔, 깡통 bottle 병   5 take a shower 샤워를 하다   6 light 조명, (전등)불

146

정답과 해석 p.190

Listening Quiz 다음 대화를 듣고 질문에 답하세요. 🎧168

A 남자아이가 지구를 구하기 위해 제안하지 <u>않은</u> 일을 고르세요.

ⓐ 　　ⓑ 　　ⓒ

B 내용과 일치하는 것에는 ○, 일치하지 않는 것에는 ✕에 ✔표시하세요.

1 두 사람은 물을 절약하기로 했다. 　　○▨ ✕▨

2 여자아이는 불을 끄자고 제안했다. 　　○▨ ✕▨

Dictation 대화를 다시 들으면서 빈칸을 채워 보세요. 🎧168

B We should ＿＿＿＿ the ＿＿＿＿ .

G What ＿＿＿＿ we do?

B First, we can ＿＿＿＿ ＿＿＿＿ and ＿＿＿＿ .

We can also ＿＿＿＿ ＿＿＿＿ bags.

G ＿＿＿＿ a great idea! What else ＿＿＿＿ we ＿＿＿＿ ?

B We ＿＿＿＿ save ＿＿＿＿ .

G You are right. Let's ＿＿＿＿ ＿＿＿＿ the ＿＿＿＿ .

7 use 사용하다　8 important 중요한　tree 나무　★ first 첫 번째로, 우선　idea 생각　else 또 다른

147

Review

A 다음을 듣고 알맞은 단어를 [보기]에서 찾아 쓰세요.

> 보기
>
> graduation   saw   plant   travel

1 _____

2 _____

3 _____

4 _____

B 다음을 듣고 둘 중 알맞은 단어를 고르세요.

1
ⓐ drank
ⓑ ate

2
ⓐ tonight
ⓑ tomorrow

3
ⓐ vacation
ⓑ weekend

4
ⓐ recycle
ⓑ energy

C 다음 문장을 듣고 둘 중 알맞은 단어를 고르세요.

1 I   went / saw   to the beach.

2 I plan to   join / practice   the guitar.

3 I   cleaned / played   the room yesterday.

4 I   made / rode   my bike last weekend.

5 We have to save   water / energy .

6 I   visited / helped   my grandparents.

D 다음 문장을 듣고 그림과 일치하는 것에는 O, 일치하지 않는 것에는 X에 ✓표시하세요.

1 O☐ X☐   2 O☐ X☐   3 O☐ X☐

E 다음 문장을 듣고 이어질 대답으로 가장 알맞은 것을 고르세요.

1
   ⓐ Sorry. I can't
   ⓑ It was great.

2
   ⓐ Of course.
   ⓑ It's tonight.

3
   ⓐ I made cookies with my mother.
   ⓑ Wow, you had a great weekend.

4
   ⓐ You are right.
   ⓑ It's important to plant trees.

5
   ⓐ That's a great idea.
   ⓑ I'm going to learn Chinese.

Learn More 동사의 과거형

⭐ 동사의 규칙 변화

동사의 과거형은 규칙적으로 변하는 경우와 불규칙적으로 변하는 경우로 나눌 수 있어요. 규칙 변화는 일반적으로 동사 끝에 ed를 붙이면 되는데, 몇 가지 규칙만 기억하세요.

종류	규칙	현재형	과거형
일반적인 동사	끝에 **ed**를 붙여요	**visit** 방문하다	**visit**ed
		help 돕다	**help**ed
		clean 청소하다	**clean**ed
e로 끝나는 동사	끝에 **d**를 붙여요	**close** 닫다	**close**d
		love 사랑하다	**love**d
		dance 춤추다	**dance**d
[자음+**y**]로 끝나는 동사	**y**를 **i**로 바꾸고 **ed**를 붙여요	**study** 공부하다	**stud**ied
		cry 울다	**cr**ied
		marry 결혼하다	**marr**ied
[단모음+단자음]으로 끝나는 동사	마지막 자음을 한 번 더 쓰고 **ed**를 붙여요	**stop** 멈추다	**stop**ped
		plan 계획하다	**plan**ned

⭐ 동사의 불규칙 변화

불규칙적으로 변하는 동사는 개수가 정말 많습니다. 한 번에 다 외우려 하기보다는 새로운 동사를 접할 때마다 알아두는 것이 좋은 방법입니다.

현재형	과거형	현재형	과거형
buy 사다	bought	**meet** 만나다	met
catch 잡다	caught	**ride** 타다	rode
come 오다	came	**run** 달리다	ran
do 하다	did	**say** 말하다	said
drink 마시다	drank	**see** 보다	saw
eat 먹다	ate	**sing** 노래하다	sang
get 얻다, 구하다	got	**sit** 앉다	sat
give 주다	gave	**sleep** 잠자다	slept
go 가다	went	**stand** 일어나다	stood
have 가지고 있다	had	**take** (교통수단을) 타다	took
make 만들다	made	**tell** 말하다	told

01 그림을 보고, 이어질 대답으로 가장 알맞은 것을 고르시오. ·············· ( )

① 🎧 ② 🎧 ③ 🎧 ④ 🎧

02 대화를 듣고, 사진 속 사람이 누구인지 고르시오.
··· ( )

① 남자아이의 이모
② 남자아이의 어머니
③ 남자아이의 누나
④ 남자아이의 사촌

03 대화를 듣고, 여자아이가 어느 나라 출신인지 고르시오. ·············· ( )

① 미국　　　　② 이탈리아
③ 캐나다　　　④ 호주

04 대화를 듣고, 두 사람이 가장 좋아하는 과목을 바르게 짝 지은 것을 고르시오. ·········· ( )

①	수학	음악
②	수학	체육
③	체육	수학
④	체육	음악

05 대화를 듣고, 두 사람이 점심으로 먹을 음식을 고르시오. ································· ( )

① 　　②

③ 　　④

정답과 해석 p.192

06 그림을 보고, 이어질 대답으로 가장 알맞은 것을 고르시오. ·················· ( )

① 🎧 ② 🎧 ③ 🎧 ④ 🎧

07 대화를 듣고, 여자아이가 가장 좋아하는 달이 언제인지 고르시오. ·················· ( )

① 5월   ② 6월
③ 7월   ④ 8월

08 다음을 듣고, 남자아이가 학교에 가는 시간을 고르시오. ·················· ( )

① `07:30`   ② `08:30`

③ `08:40`   ④ `08:50`

09 다음을 듣고, 남자아이의 개에 대한 설명과 일치하는 것을 고르시오. ·················· ( )

① 작다
② 말랐다
③ 꼬리가 짧다
④ 다리가 길다

10 대화를 듣고, 남자아이가 연주할 수 있는 악기를 고르시오. ·················· ( )

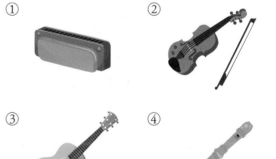

① ② ③ ④

11 대화를 듣고, 물건의 가격을 바르게 짝 지은 것을 고르시오. ……………………… (   )

	공책	연필
①	300원	500원
②	3,000원	100원
③	3,000원	500원
④	5,000원	3,000원

12 그림을 보고, 남자아이가 할 말로 가장 알맞은 것을 고르시오. ……………… (   )

① 🎧 ② 🎧 ③ 🎧 ④ 🎧

13 대화를 듣고, 남자아이가 좋아하는 동물을 고르시오. ……………………………… (   )

14 대화를 듣고, 영어 수업이 있는 요일을 고르시오. ……………………………… (   )

① 화요일   ② 수요일
③ 목요일   ④ 금요일

15 대화를 듣고, 제니에 대한 설명과 일치하지 <u>않는</u> 것을 고르시오. …………………… (   )

① 여자아이의 가장 친한 친구이다
② 커다란 눈을 가지고 있다
③ 농구 하는 걸 좋아한다
④ 수줍음을 많이 탄다

16 그림을 보고, 가장 알맞은 대화를 고르시오.
·· ( )

① 🎧　② 🎧　③ 🎧　④ 🎧

17 대화를 듣고, 남자아이가 수영을 가는 횟수를 고르시오. ································· ( )

① 일주일에 한 번
② 일주일에 두 번
③ 한 달에 한 번
④ 한 달에 두 번

18 대화를 듣고, 두 사람이 대화가 끝난 후 함께 할 일을 고르시오. ································· ( )

① 탁구 치기　　② 테니스 치기
③ 야구 하기　　④ 농구 하기

19 대화를 듣고, 여자아이의 겨울방학 계획을 고르시오. ································· ( )

① 조부모님 방문하기
② 스키 클럽 가입하기
③ 일본어 배우기
④ 해외여행 가기

20 대화를 듣고, 티나로 알맞은 사람을 고르시오.
·· ( )

2회 영어 듣기평가 모의고사

01 그림을 보고, 이어질 대답으로 가장 알맞은 것을 고르시오. ·············· (　)

① 🎧　② 🎧　③ 🎧　④ 🎧

02 대화를 듣고, 할머니께서 계신 장소를 고르시오.
·························· (　)

① 거실　　② 침실
③ 화장실　④ 부엌

03 대화를 듣고, 여자아이의 취미를 고르시오.
·························· (　)

04 대화를 듣고, 남자아이 어머니의 직업을 고르시오. ·························· (　)

① 소방관　　② 경찰관
③ 교사　　　④ 간호사

05 대화를 듣고, 여자아이가 지난 주말에 한 일을 고르시오. ·············· (　)

① 해변에 갔다
② 방을 청소했다
③ 캠핑을 갔다
④ 농구를 했다

06 대화를 듣고 두 아이가 할 수 있는 일을 바르게 짝 지은 것을 고르시오. ·············· (   )

①	스키	스케이트
②	스키	수영
③	스케이트	스키
④	스케이트	수영

07 대화를 듣고, 남자아이가 학교에 가는 방법을 고르시오. ······················· (   )

① 버스   ② 자동차
③ 걸어서   ④ 자전거

08 대화를 듣고, 여자아이의 생일이 언제인지 고르시오. ······················· (   )

① 10월 2일
② 11월 2일
③ 11월 3일
④ 12월 3일

09 그림을 보고, 이어질 대답으로 가장 알맞은 것을 고르시오. ·············· (   )

①   ②   ③ ⌒   ④

10 대화를 듣고, 여자아이의 여동생으로 알맞은 사람을 고르시오. ··············· (   )

①   ②

③   ④

157

11 대화를 듣고, 남자아이의 물건과 색깔을 바르게 짝 지은 것을 고르시오. ·········· (   )

	지갑	가방
①	검은색	파란색
②	파란색	회색
③	회색	파란색
④	초록색	회색

13 그림을 보고, 여자아이가 할 말로 가장 적절한 것을 고르시오. ·········· (   )

① 🎧 ② 🎧 ③ 🎧 ④ 🎧

12 그림을 보고, 이어질 대답으로 가장 알맞은 것을 고르시오. ·········· (   )

① 🎧 ② 🎧 ③ 🎧 ④ 🎧

14 대화를 듣고, 영화에 대한 여자아이의 생각을 고르시오. ·········· (   )

① 어려웠다   ② 지루했다
③ 웃겼다   ④ 흥미진진했다

15 대화를 듣고, 여자아이의 증상으로 알맞은 것을 고르시오. ·········· (   )

① 콧물이 나온다
② 기침이 나온다
③ 열이 난다
④ 두통이 있다

16 그림을 보고, 이어질 대답으로 가장 알맞은 것을 고르시오. ······· (   )

17 대화를 듣고, 남자아이의 나이를 고르시오.

······································· (   )

① 8살   ② 10살

③ 12살   ④ 14살

18 다음을 듣고, 자연스럽지 않은 대화를 고르시오.

······································· (   )

① ⌒   ② ⌒   ③ ⌒   ④ ⌒

19 대화를 듣고, 도서관의 위치를 고르시오.

·· (   )

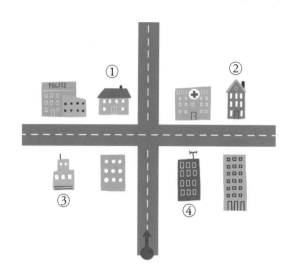

20 대화를 듣고, 남자아이가 전화를 건 이유로 가장 적절한 것을 고르시오. ···················· (   )

① 내일 사라를 만나려고

② 같이 놀자고 제안하려고

③ 아픈 곳은 괜찮으냐고 물어보려고

④ 배드민턴을 칠 수 없다고 말하려고

정답과
해석

01 Hello. p.12~13

Key Sentences

1 Hello.
2 How are you today?
3 I'm good.
4 I'm not so bad.
5 Good morning.
6 Good afternoon.
7 Good evening.
8 Good night.

Listening Quiz

A ⓐ
B 1 X 2 O

Dictation

G Good morning, Jinho.
B Good morning, Susan.
G How are you today?
B I'm good. How about you?
G I'm not so bad.

해석

G 좋은 아침이야, 진호야.
B 좋은 아침이야, 수잔.
G 오늘은 상태가 어때?
B 난 좋아. 넌 어떠니?
G 난 그다지 나쁘지 않아.

02 I'm excited. p.14~15

Key Sentences

1 I'm excited.
2 I'm not sad.
3 My mom is very happy.
4 Are you sick?
5 You look tired today.

6 Why are you angry?
7 How do you feel today?
8 I feel great.

Listening Quiz

A ⓑ
B 1 X 2 O

Dictation

B Mina, you look happy today.
G Yes, I'm very happy. How do you feel today?
B I'm sad.
G Why are you sad?
B My mom is sick.
G Oh, that's too bad.

해석

B 미나야, 너 오늘 행복해 보이는구나.
G 응, 나는 아주 행복해. 넌 오늘 기분이 어때?
B 난 슬퍼.
G 넌 왜 슬프니?
B 우리 엄마가 아프시거든.
G 아, 정말 안됐구나.

03 My name is Minho. p.16~17

Key Sentences

1 Let me introduce myself.
2 What is your name?
3 My name is Minho.
4 Are you a student?
5 Nice to meet you.
6 Glad to meet you.
7 Nice to meet you, too.
8 I'm an elementary school student.

Listening Quiz

A ⓑ
B 1 O 2 O

G Let me introduce myself. My name is Yujin. What is your name?

B My name is David.

G Nice to meet you, David.

B Nice to meet you, too.

G Are you an elementary school student?

B Yes, I am.

해석

G 나를 소개할게. 내 이름은 유진이야. 네 이름은 뭐니?

B 내 이름은 데이비드야.

G 만나서 반가워, 데이비드.

B 나도 만나서 반가워.

G 넌 초등학생이니?

B 응, 그래.

04 I can dance very well. p.18~19

Key Sentences

1 I can cook pasta.

2 I can speak English.

3 Can you jump?

4 Yes, I can.

5 I can dance very well.

6 I can't skate.

7 I can't swim at all.

8 Let's ski together.

Listening Quiz

A ⓒ

B 1 Mia can't swim.

  2 Junho can skate.

해석

  1 미아는 수영을 못 한다.

  2 준호는 스케이트를 탈 수 있다.

Dictation

B Mia, can you swim?

G No, I can't. How about you, Junho?

B I can swim. Can you skate?

G Yes, I can skate very well.

B I can skate, too. Let's skate together.

G Okay.

해석

B 미아, 넌 수영을 할 수 있니?

G 아니, 난 못 해. 넌 어때, 준호야?

B 난 수영을 할 수 있어. 너 스케이트는 탈 수 있어?

G 응, 난 스케이트를 아주 잘 탈 수 있어.

B 나도 스케이트를 탈 수 있어. 같이 스케이트 타자.

G 좋아.

05 Everyone, stand up. p.20~21

Key Sentences

1 Sit down, please.

2 Be quiet, please.

3 Everyone, stand up.

4 Please open your books.

5 Don't be noisy.

6 Don't run in the classroom.

7 Do not fight.

8 Can you close the door?

Listening Quiz

A ⓐ

B 1 X 2 O

Dictation

M Hello, everyone. Please sit down. Sumin, be quiet. Don't be noisy.

G Sorry, sir.

M Jiho, can you close the door?

B Sure.

M Thank you. Now, open your books.

해석

M 안녕하세요, 여러분. 자리에 앉아 주세요. 수민아, 조용히 해. 떠들지 마라.

G 죄송합니다, 선생님.

M 지호야, 문을 닫아 줄 수 있겠니?

B 물론이죠.

M 고맙다. 이제 책들을 펼쳐라.

Review 01-05

p.22~23

A 1 feel   2 bad
   3 night   4 nice

B 1 ⓑ happy   2 ⓑ sit down
   3 ⓐ good   4 ⓐ skate

C 1 evening   2 angry
   3 Glad   4 dance
   5 open   6 fight

D 1 O   2 X   3 X

E 1 ⓑ   2 ⓑ   3 ⓐ   4 ⓐ   5 ⓑ

Script

C

1 Good <u>evening</u>.

2 Why are you <u>angry</u>?

3 <u>Glad</u> to meet you.

4 I can <u>dance</u> very well.

5 Please <u>open</u> your books.

6 Do not <u>fight</u>.

해석

1 안녕하세요. (저녁 인사)

2 당신은 왜 화가 났어요?

3 만나서 기뻐요.

4 나는 춤을 아주 잘 출 수 있어요.

5 책들을 펼쳐 주세요.

6 싸우지 마세요.

D

1 I'm tired.

2 I'm an elementary school student.

3 I can't ski at all.

해석

1 나는 피곤해요.

2 나는 초등학생이에요.

3 나는 스키를 전혀 못 타요.

E

1 What is your name?

   ⓐ Good afternoon.

   ⓑ My name is Jisu.

2 Can you speak English?

   ⓐ I can cook pasta.

   ⓑ Yes, I can.

3 How do you feel today?

   ⓐ I feel great.

   ⓑ You look sick today.

4 Nice to meet you.

   ⓐ Nice to meet you, too.

   ⓑ Be quiet.

5 Can you close the door?

   ⓐ Sorry.

   ⓑ Sure.

해석

1 너는 이름이 뭐야?

   ⓐ 안녕. (오후 인사)

   ⓑ 내 이름은 지수야.

2 넌 영어를 말할 수 있니?

   ⓐ 나는 파스타를 요리할 수 있어.

   ⓑ 응, 할 수 있어.

3 오늘 기분이 어때?

   ⓐ 난 기분이 아주 좋아.

   ⓑ 넌 오늘 아파 보여.

4 만나서 반가워.

   ⓐ 나도 만나서 반가워.

   ⓑ 조용히 해.

5 문을 닫아 줄 수 있어?

   ⓐ 미안해.

   ⓑ 물론이지.

06 I like red.

p.26~27

Key Sentences

1 I like <u>red</u>.

2 I don't like green.

3 Do you like white?

4 Blue is my favorite color.

5 What color is your wallet?

6 It's yellow.

7 My bag is gray.

8 Is this black wallet yours?

Listening Quiz

A ⓒ

B 1 X   2 O

Dictation

B Is this yellow wallet yours?

G No, it isn't.

B What color is your wallet?

G It's blue.

B Do you like blue?

G Yes, blue is my favorite color. What color do you like?

B I like green.

해석

B 이 노란색 지갑은 네 거야?

G 아니, 그렇지 않아.

B 네 지갑은 무슨 색이야?

G 파란색이야.

B 넌 파란색을 좋아하니?

G 응, 파란색은 내가 가장 좋아하는 색이야. 너는 무슨 색을 좋아해?

B 나는 초록색을 좋아해.

07 I have a pencil. p.28~29

Key Sentences

1 I have a pencil.

2 I have two notebooks.

3 I don't have a ruler.

4 Do you have scissors?

5 How many erasers do you have?

6 Can I borrow your paint?

---

7 This pencil sharpener is mine.

8 Is this your glue?

Listening Quiz

A ⓐ

B 1 Jane doesn't have a ruler.

  2 Jane has two scissors.

해석

  1 제인은 자를 가지고 있지 않다.

  2 제인은 가위를 두 개 가지고 있다.

Dictation

B Jane, do you have a ruler?

G No, I don't.

B Do you have scissors?

G Yes, I do.

B How many scissors do you have?

G I have two scissors.

B Can I borrow your scissors?

G No problem.

해석

B 제인, 너 자 가지고 있니?

G 아니, 없어.

B 너 가위는 가지고 있어?

G 응, 있어.

B 가위 몇 개 가지고 있니?

G 나 가위 두 개 있어.

B 네 가위를 빌릴 수 있을까?

G 문제없어.

08 My dog is very big. p.30~31

Key Sentences

1 I'm thin.

2 They are fat.

3 My dog is very big.

4 This dog is small.

5 That dog is slow.

6 Is your dog fast?

7 My dog has a <u>long</u> tail.

8 Does your dog have <u>short</u> legs?

Listening Quiz

A ⓑ

B 1 The dog has a <u>short</u> tail.

   2 The dog is very <u>fast</u>.

해석

1 그 개는 짧은 꼬리를 가지고 있다.

2 그 개는 아주 빠르다.

Dictation

G Look! That's my <u>dog</u>.

B <u>Is</u> your dog <u>big</u>?

G <u>No</u>, it isn't. It's <u>small</u>.

B <u>Does</u> your dog have a <u>long tail</u>?

G No, it <u>has</u> a <u>short</u> tail. My <u>dog</u> also has <u>short legs</u>.

B Oh, I see. Wow, your dog is <u>very fast</u>.

해석

G 봐! 저건 내 개야.

B 네 개는 크니?

G 아니. 내 개는 작아.

B 네 개는 긴 꼬리를 가지고 있니?

G 아니, 짧은 꼬리를 가지고 있어. 내 개는 또한 짧은 다리를 가지고 있어.

B 아, 알겠다. 와, 네 개는 아주 빠르구나.

09 I have small ears. p.32~33

Key Sentences

1 I have a big <u>mouth</u>.

2 I have small <u>ears</u>.

3 I have strong <u>shoulders</u>.

4 She has a small <u>head</u>.

5 He has big <u>hands</u>.

6 My <u>forehead</u> is wide.

7 His <u>neck</u> is long.

8 Her <u>nose</u> is very big.

Listening Quiz

A ⓐ

B 1 X   2 O

Dictation

G <u>This</u> is <u>my</u> friend, Sally. She has a <u>big mouth</u>. Her <u>neck</u> is <u>long</u>.

B <u>This</u> <u>is</u> my friend, Jack. He has <u>strong shoulders</u>. His <u>head</u> is <u>small</u>, and his <u>forehead</u> is <u>wide</u>.

해석

G 이 사람은 내 친구 샐리야. 샐리는 입이 커. 샐리의 목은 길어.

B 이 사람은 내 친구 잭이야. 잭은 튼튼한 어깨를 가지고 있어. 잭은 머리가 작고 이마는 넓어.

10 She has short hair. p.34~35

Key Sentences

1 What does he <u>look like</u>?

2 She has short <u>hair</u>.

3 He has blue <u>eyes</u>.

4 She has long, <u>straight</u> hair.

5 She has <u>blond</u> hair.

6 He doesn't have white <u>teeth</u>.

7 His <u>eyebrows</u> are brown.

8 Does he have <u>curly</u> hair?

Listening Quiz

A ⓑ

B 1 Jenny has <u>blue</u> eyes.

   2 Jenny has <u>blond</u> hair.

해석

1 제니는 파란색 눈을 가지고 있다.

2 제니는 금발 머리를 가지고 있다.

Dictation

B Jenny <u>looks</u> so beautiful.

G <u>What</u> does she <u>look like</u>?

B She <u>has</u> long, <u>curly hair</u>.

G Does she have brown hair?

B No, she has blond hair.

G Does she have blue eyes?

B Yes, she does. She looks like her mother.

해석

B 제니는 아주 아름다워 보여.

G 그녀는 어떻게 생겼어?

B 그녀는 긴 곱슬머리를 가지고 있어.

G 그녀는 갈색 머리를 가지고 있니?

B 아니, 그녀는 금발 머리를 가지고 있어.

G 그녀는 파란색 눈을 가지고 있어?

B 응, 그래. 그녀는 자기 어머니를 닮았어.

Review 06-10

p.36~37

A	1 paint		2 blond
	3 fat		4 neck
B	1 ⓑ blue		2 ⓐ thin
	3 ⓐ eye		4 ⓑ hand
C	1 fast		2 green
	3 big		4 forehead
	5 straight		6 scissors
D	1 O	2 X	3 O
E	1 ⓐ 2 ⓑ 3 ⓐ 4 ⓐ 5 ⓑ		

Script

C

1 My dog is fast.

2 I don't like green.

3 Is your dog big?

4 His forehead is wide.

5 She has straight hair.

6 How many scissors do you have?

해석

1 내 개는 빨라요.

2 나는 초록색을 좋아하지 않아요.

3 당신의 개는 큰가요?

4 그의 이마는 넓어요.

5 그녀는 생머리를 가지고 있어요.

6 당신은 가위를 몇 개 가지고 있나요?

D

1 She has white teeth.

2 I have a notebook.

3 My wallet is yellow.

해석

1 그녀는 하얀 치아를 가지고 있어요.

2 나는 공책을 가지고 있어요.

3 내 지갑은 노란색이에요.

E

1 Can I borrow your ruler?

  ⓐ No problem.

  ⓑ I don't have a glue.

2 What color do you like?

  ⓐ No, it's red.

  ⓑ I like yellow.

3 Does she have brown eyes?

  ⓐ No, she has blue eyes.

  ⓑ Yes, she has brown hair.

4 Does your dog have a long tail?

  ⓐ No, it has a short tail.

  ⓑ Yes, I have a big mouth.

5 Do you have a pencil sharpener?

  ⓐ Yes, I have two pencils.

  ⓑ No, I don't.

해석

1 네 자를 빌릴 수 있을까?

  ⓐ 문제없어.

  ⓑ 나는 풀을 가지고 있지 않아.

2 넌 어떤 색깔을 좋아하니?

  ⓐ 아니, 그건 빨간색이야.

  ⓑ 난 노란색을 좋아해.

3 그녀는 갈색 눈을 가지고 있니?

  ⓐ 아니, 그녀는 파란색 눈을 가지고 있어.

  ⓑ 응, 그녀는 갈색 머리카락을 가지고 있어.

4 네 개는 긴 꼬리를 가지고 있니?

  ⓐ 아니, 짧은 꼬리를 가지고 있어.

  ⓑ 응, 나는 큰 입을 가지고 있어.

5 넌 연필깎이를 가지고 있니?

  ⓐ 응, 나는 연필 두 자루를 가지고 있어.

  ⓑ 아니, 없어.

11 That is an elephant.
p.40~41

Key Sentences

1 It's a camel.
2 This is a lion.
3 That is an elephant.
4 Look at that ostrich.
5 I want to see a zebra.
6 I like rabbits.
7 I don't like monkeys.
8 There is a snake over there.

Listening Quiz

A ⓑ

B 1 X 2 O

Dictation

G Look at that elephant!
B Wow, it's great. I like elephants.
G Look. There is a zebra over there.
B Well, I don't like zebras. I want to see a camel.
G What's that?
B Oh, that is a camel.

해석

G 저 코끼리를 봐!
B 우와, 멋지다. 난 코끼리들을 좋아해.
G 봐. 저기에 얼룩말이 있어.
B 음, 난 얼룩말들은 안 좋아해. 난 낙타를 보고 싶어.
G 저건 뭐지?
B 오, 저게 낙타야.

12 He is my father.
p.42~43

Key Sentences

1 She is my mother.
2 He is my father.
3 He isn't my cousin.
4 Is she your sister?
5 I have an uncle.
6 Do you have any brothers?
7 This is my aunt.
8 Who is this in the picture?

Listening Quiz

A ⓐ

B 1 X 2 O

Dictation

G Tom, who is this in the picture?
B She is my sister.
G Then who is this boy? Is he your brother?
B No, he isn't. He is my cousin.
G Do you have any brothers?
B No, I don't. How about you?
G I have a brother.

해석

G 탐, 사진 속 이 사람은 누구야?
B 그녀는 내 여동생이야.
G 그럼 이 남자아이는 누구야? 네 남동생이니?
B 아니야. 그는 내 사촌이야.
G 너는 남자 형제가 있니?
B 아니, 없어. 너는 어때?
G 나는 남자 형제가 한 명 있어.

13 My son is seven years old.
p.44~45

Key Sentences

1 They are young.
2 How old are you?
3 I'm ten years old.
4 How old is your daughter?
5 How old is your grandfather?
6 My son is seven years old.
7 My grandmother is seventy years old.
8 We are the same age.

A ⓒ

B 1 ○ 2 X

Dictation

G Hello, Mr. Brown. Who <u>are they</u>?

M They are my <u>son</u> and <u>daughter</u>.

G How <u>old</u> is your <u>son</u>?

M He is <u>seven years</u> old.

G <u>How</u> old is your <u>daughter</u>?

M She is nine <u>years old</u>. How old are <u>you</u>, Sujin?

G I'm <u>ten years old</u>.

해석

G 안녕하세요, 브라운 씨. 그들은 누구인가요?

M 그들은 내 아들과 딸이야.

G 당신의 아들은 몇 살인가요?

M 그는 7살이야.

G 당신의 딸은 몇 살이에요?

M 그녀는 9살이야. 수진이 너는 몇 살이니?

G 전 10살이에요.

---

14 **I'm in my bedroom.** p.46~47

Key Sentences

1 I'm in my <u>bedroom</u>.

2 My dad is in the <u>bathroom</u>.

3 Is your mom in the <u>garden</u>?

4 My grandfather is in the <u>living room</u>.

5 My grandmother is in the <u>kitchen</u>.

6 <u>Where</u> is the bathroom?

7 My <u>house</u> has a basement.

8 My house is on the first <u>floor</u>.

Listening Quiz

A ⓒ

B 1 Paul's dad is in the <u>kitchen</u>.

  2 Paul's sister is in the <u>bathroom</u>.

해석

1 폴의 아빠는 부엌에 있다.

---

2 폴의 누나는 화장실에 있다.

Dictation

W Paul, <u>where</u> are you?

B Mom, I'm in the <u>living room</u>.

W <u>Where</u> is your <u>dad</u>?

B He is <u>in the</u> <u>kitchen</u>.

W Is your <u>sister</u> in the <u>kitchen</u>, too?

B <u>No</u>, she isn't. She is <u>in the</u> <u>bathroom</u>.

해석

W 폴, 너 어디에 있니?

B 엄마, 전 거실에 있어요.

W 네 아빠는 어디에 계시니?

B 아빠는 부엌에 계세요.

W 네 누나도 부엌에 있니?

B 아뇨. 누나는 화장실에 있어요.

---

15 **Your pencil is under the desk.** p.48~49

Key Sentences

1 It's in <u>front</u> of the sofa.

2 It's <u>between</u> the chairs.

3 It's <u>above</u> the bed.

4 My bag is <u>behind</u> the door.

5 Your pencil is <u>under</u> the desk.

6 My dictionary is <u>in</u> the bag.

7 They are <u>next</u> to the table.

8 There is a book <u>on</u> the floor.

Listening Quiz

A ⓒ

B 1 ○ 2 X

Dictation

G Dad, <u>where</u> is my <u>bag</u>?

M It's <u>in front</u> of the <u>door</u>.

G Then <u>where</u> is <u>my dictionary</u>?

M Maybe it's <u>on</u> the <u>desk</u>.

G No, it's <u>not</u> here.

M Oh, look. Your <u>dictionary</u> is <u>under</u> the <u>table</u>.

G I see. Thank you, Dad.

해석

G 아빠, 제 가방 어디에 있어요?

M 그것은 문 앞에 있어.

G 그럼 제 사전은 어디에 있어요?

M 아마도 책상 위에 있을 거야.

G 아뇨. 여기에 없어요.

M 아, 봐라. 네 사전은 테이블 아래에 있구나.

G 알겠어요. 고마워요, 아빠.

Review 11-15
p.50~51

A 1 young   2 monkey
    3 above   4 where

B 1 ⓑ grandmother   2 ⓐ between
    3 ⓑ bedroom   4 ⓐ elephant

C 1 on   2 zebra
    3 daughter   4 rabbit
    5 brothers   6 garden

D 1 O   2 X   3 O

E 1 ⓐ   2 ⓑ   3 ⓐ   4 ⓐ   5 ⓑ

Script

C

1 Your pencil is <u>on</u> the table.

2 I want to see a <u>zebra</u>.

3 My <u>daughter</u> is eight years old.

4 There is a <u>rabbit</u> over there.

5 Do you have any <u>brothers</u>?

6 My uncle is in the <u>garden</u>.

해석

1 당신의 연필은 테이블 위에 있어요.

2 나는 얼룩말을 보고 싶어요.

3 내 딸은 8살이에요.

4 저기에 토끼 한 마리가 있어요.

5 당신은 남자 형제가 있나요?

6 내 삼촌은 정원에 있어요.

D

1 It's a camel.

2 This is my aunt.

3 My bag is on the desk.

해석

1 그건 낙타예요.

2 이분은 제 이모예요.

3 내 가방은 책상 위에 있어요.

E

1 How old are you?

   ⓐ I'm ten years old.

   ⓑ He is seven years old.

2 Is your father in the kitchen?

   ⓐ My house is on the first floor.

   ⓑ No, he is in the living room.

3 Look at that elephant!

   ⓐ Wow, it's great.

   ⓑ I don't like snakes.

4 Who is this in the picture?

   ⓐ She is my cousin.

   ⓑ No, she isn't.

5 Dad, where is my dictionary?

   ⓐ No, it's not here.

   ⓑ It's in front of the door.

해석

1 너는 몇 살이니?

   ⓐ 나는 10살이야.

   ⓑ 그는 7살이야.

2 네 아버지는 부엌에 계시니?

   ⓐ 우리 집은 1층에 있어.

   ⓑ 아니, 아버지는 거실에 계셔.

3 저기 있는 코끼리를 봐!

   ⓐ 우와, 멋지다.

   ⓑ 나는 뱀들을 안 좋아해.

4 사진 속 이 사람은 누구야?

   ⓐ 그녀는 내 사촌이야.

   ⓑ 아니, 그렇지 않아.

5 아빠, 제 사전은 어디 있나요?

   ⓐ 아니, 그건 여기에 없어.

   ⓑ 그것은 문 앞에 있어.

16 My father is a teacher. p.54~55

Key Sentences

1 What is your job?
2 I'm a nurse.
3 I'm a firefighter.
4 My mother is a police officer.
5 My father is a teacher.
6 I will be a scientist.
7 I want to be a doctor.
8 My future dream is to become an astronaut.

Listening Quiz

A ⓒ

B 1 X 2 O

Dictation

G What is your father's job?
B He is a teacher. What does your father do?
G He is a firefighter.
B That's wonderful! I want to be a firefighter, too.
   What's your dream job?
G My future dream is to become a scientist.

해석

G 너희 아버지의 직업은 뭐야?
B 그분은 선생님이셔. 너희 아버지는 어떤 일을 하시니?
G 그분은 소방관이셔.
B 아주 멋지다! 나도 소방관이 되고 싶어. 네 장래희망은 뭐야?
G 내 장래희망은 과학자가 되는 거야.

17 It's Sunday today. p.56~57

Key Sentences

1 What day is it today?
2 It's Sunday today.
3 Is it Friday today?
4 Today is Tuesday.
5 Yesterday was Thursday.
6 Tomorrow is Wednesday.
7 I'm free on Saturday.
8 I have art class every Monday.

Listening Quiz

A ⓑ

B 1 Yesterday was Wednesday.
   2 Jimin has art class every Friday.

해석

1 어제는 수요일이었다.
2 지민이는 금요일마다 미술 수업이 있다.

Dictation

G Jimin, is it Wednesday today?
B No, it isn't.
G What day is it today?
B Today is Thursday.
G Do you have art class today?
B No, I have art class every Friday.

해석

G 지민아, 오늘 수요일이야?
B 아니.
G 오늘 무슨 요일이지?
B 오늘은 목요일이야.
G 넌 오늘 미술 수업이 있어?
B 아니, 난 금요일마다 미술 수업이 있어.

18 It's sunny today. p.58~59

Key Sentences

1 How's the weather today?
2 It's sunny today.
3 It's very warm today.
4 Is it windy outside?
5 It was foggy in the morning.
6 It was hot yesterday.
7 It will be cloudy tomorrow.
8 It's cold, so we can't play outside.

A ⓑ

B 1 O 2 X

Dictation

G How's the weather today?

B It's cloudy.

G Is it cold outside?

B Yes, it's very cold.

G Well, we can't play outside today.

B It will be sunny and warm tomorrow. Let's play outside tomorrow.

해석

G 오늘은 날씨가 어때?

B 날이 흐려.

G 밖은 춥니?

B 응, 아주 추워.

G 음, 우리가 오늘은 밖에서 놀 수 없겠다.

B 내일은 맑고 따뜻할 거야. 내일 밖에서 놀자.

19 I love spring the most. p.60~61

Key Sentences

1 I don't like summer.

2 It's cool in fall.

3 It's hot and rainy in summer.

4 It's cold and snowy in winter.

5 Which season do you like the most?

6 I love spring the most.

7 Do you like winter?

8 My favorite season is fall.

Listening Quiz

A ⓐ

B 1 X 2 O

해석

1 진우는 가을을 가장 좋아한다.

2 수지는 겨울을 좋아하지 않는다.

Dictation

G Jinwoo, which season do you like the most?

B I love summer the most. Do you like summer, Susie?

G No, I don't. It's hot and rainy in summer.

B Do you like winter?

G No, it's too cold in winter.

B Then what is your favorite season?

G My favorite season is spring.

해석

G 진우야, 너는 어떤 계절을 가장 좋아해?

B 나는 여름을 가장 좋아해. 수지 너는 여름을 좋아하니?

G 아니. 여름은 덥고 비가 많이 와.

B 너는 겨울을 좋아하니?

G 아니, 겨울은 너무 추워.

B 그럼 네가 가장 좋아하는 계절은 뭐야?

G 내가 가장 좋아하는 계절은 봄이야.

20 I'm from Korea. p.62~63

Key Sentences

1 Where are you from?

2 I'm from Korea.

3 My English teacher is from Canada.

4 Are you from China?

5 Italy is in Europe.

6 I live in Australia.

7 I want to go to Japan.

8 I hope to see you in America.

Listening Quiz

A ⓒ

B 1 O 2 X

Dictation

G Hello. Where are you from?

B I'm from Australia.

G Really? My English teacher is from Australia, too.

B Where are you from?

G I'm <u>from</u> Korea.

B I <u>want</u> to go to <u>Korea</u>.

G I <u>hope</u> to <u>see</u> you in <u>Korea</u>.

해석

G 안녕. 넌 어느 나라 출신이야?

B 난 호주 출신이야.

G 정말? 내 영어 선생님도 호주 출신이야.

B 넌 어느 나라 출신이야?

G 난 한국 출신이야.

B 난 한국에 가고 싶어.

G 널 한국에서 보면 좋겠다.

Review 16-20

p.64~65

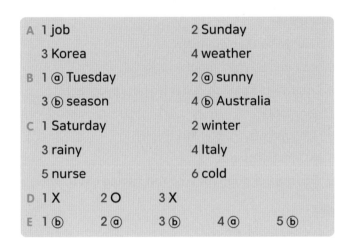

A 1 job　　　　 2 Sunday
　 3 Korea　　　 4 weather
B 1 ⓐ Tuesday　2 ⓐ sunny
　 3 ⓑ season　　4 ⓑ Australia
C 1 Saturday　　2 winter
　 3 rainy　　　　4 Italy
　 5 nurse　　　　6 cold
D 1 X　　2 O　　3 X
E 1 ⓑ　2 ⓐ　3 ⓑ　4 ⓐ　5 ⓑ

Script

C

1 Tomorrow is <u>Saturday</u>.

2 My favorite season is <u>winter</u>.

3 It is <u>rainy</u> today.

4 I'm from <u>Italy</u>.

5 I want to be a <u>nurse</u>.

6 It will be <u>cold</u> tomorrow.

해석

1 내일은 토요일이에요.

2 내가 가장 좋아하는 계절은 겨울이에요.

3 오늘은 비가 많이 와요.

4 나는 이탈리아 출신이에요.

5 나는 간호사가 되고 싶어요.

6 내일은 추울 거예요.

D

1 It's cloudy today.

2 I like winter.

3 She is a teacher.

해석

1 오늘은 날이 흐려요.

2 나는 겨울을 좋아해요.

3 그녀는 교사예요.

E

1 Where are you from?
　ⓐ I want to go to Japan
　ⓑ I'm from China.

2 How's the weather today?
　ⓐ It's windy today.
　ⓑ Yes, it is.

3 What does your father do?
　ⓐ I'm a firefighter.
　ⓑ He is a scientist.

4 Which season do you like the most?
　ⓐ I love spring the most.
　ⓑ Yes, it's warm.

5 Do you have art class today?
　ⓐ Today is Monday.
　ⓑ No, I have art class every Friday.

해석

1 넌 어디 출신이야?
　ⓐ 나는 일본에 가고 싶어.
　ⓑ 나는 중국 출신이야.

2 오늘 날씨는 어때?
　ⓐ 오늘은 바람이 불어.
　ⓑ 응, 그래.

3 너희 아버지는 어떤 일을 하시니?
　ⓐ 나는 소방관이야.
　ⓑ 그분은 과학자야.

4 넌 어떤 계절을 가장 좋아하니?
　ⓐ 나는 봄을 가장 좋아해.
　ⓑ 응, 날씨가 따뜻해.

5 넌 오늘 미술 수업이 있니?
　ⓐ 오늘은 월요일이야.
　ⓑ 아니, 난 금요일마다 미술 수업이 있어.

21 I want to eat a hamburger.

p.68~69

Key Sentences

1 I'm so hungry.
2 Are you full?
3 Let's go to a restaurant.
4 I like bread.
5 I don't like pizza.
6 What food do you want to eat?
7 I want to eat a hamburger.
8 How about spaghetti for lunch?

Listening Quiz

A ⓐ

B 1 O   2 X

Dictation

B Are you hungry?
G Yes, I'm so hungry. Let's go to a restaurant.
B What food do you want to eat?
G I want to eat spaghetti.
B Well, I don't like spaghetti. How about hamburgers for lunch?
G Sounds good. Let's go to King Burger.

해석

B 너 배고프니?
G 응, 나 아주 배고파. 식당에 가자.
B 넌 어떤 음식을 먹고 싶니?
G 난 스파게티를 먹고 싶어.
B 음, 난 스파게티를 좋아하지 않아. 점심으로 햄버거는 어때?
G 좋은 생각이야. 킹 버거에 가자.

22 I like apples.

p.70~71

Key Sentences

1 What is your favorite fruit?
2 I like apples.

3 I really like grapes.
4 I don't like watermelons.
5 I hate onions.
6 Do you like carrots?
7 You should eat spinach.
8 Vegetables are good for you.

Listening Quiz

A ⓐ

B 1 Kelly likes spinach.
　 2 Kelly hates carrots.

해석

1 켈리는 시금치를 좋아한다.
2 켈리는 당근을 싫어한다.

Dictation

G Tim, do you like spinach?
B No, I don't. What about you, Kelly?
G I really like spinach. What is your favorite vegetable?
B I like carrots. Do you like them?
G No, I hate carrots.
B Carrots are good for you. You should eat them.

해석

G 팀, 너는 시금치를 좋아하니?
B 아니, 안 좋아해. 켈리 넌?
G 난 시금치를 정말 좋아해. 네가 가장 좋아하는 채소는 뭐야?
B 난 당근을 좋아해. 넌 당근을 좋아하니?
G 아니, 난 당근을 싫어해.
B 당근은 네 건강에 좋아. 넌 그것들을 먹어야 해.

23 I can play the guitar.

p.72~73

Key Sentences

1 I can play the guitar.
2 I can't play the ocarina.
3 Can you play the piano?
4 I like to play the violin.
5 Do you like to play the trumpet?

6 I want to play the harmonica.

7 Let's play the recorder together.

8 The piano sounds very good.

A ⓒ

B 1 ○ 2 Ⅹ

Dictation

B I like to play the guitar. Can you play the guitar?

G No, I can't. But I can play the violin.

B Do you like to play the violin?

G Yes, I do. The violin sounds very good. Can you play the violin?

B No, I can't.

해석

B 난 기타 치는 것을 좋아해. 너 기타 칠 수 있어?

G 아니, 못 해. 하지만 난 바이올린은 연주할 수 있어.

B 넌 바이올린 연주하는 것을 좋아하니?

G 응, 좋아해. 바이올린은 아주 좋은 소리가 들려. 넌 바이올린을 연주할 수 있니?

B 아니, 난 못 해.

24 Let's play tennis. p.74~75

Key Sentences

1 Let's play tennis.

2 I like to play soccer.

3 I don't like to play basketball.

4 What's your favorite sport?

5 My favorite sport is table tennis.

6 Do you want to play badminton?

7 How about playing volleyball?

8 Why don't we play baseball together?

Listening Quiz

A ⓑ

B 1 ○ 2 Ⅹ

Dictation

B What's your favorite sport?

G My favorite sport is badminton. Do you want to play badminton?

B No, I don't. How about playing baseball?

G Well, I don't like to play baseball.

B Then why don't we play basketball together?

G That sounds good. Let's play basketball.

해석

B 네가 가장 좋아하는 운동은 뭐야?

G 내가 가장 좋아하는 운동은 배드민턴이야. 너 배드민턴 치고 싶니?

B 아니. 야구 하는 건 어때?

G 음, 난 야구 하는 걸 좋아하지 않아.

B 그럼 같이 농구 하는 건 어때?

G 좋은 생각이야. 농구 하자.

25 I'm doing my homework. p.76~77

Key Sentences

1 I'm doing my homework.

2 He is riding a bike.

3 She is taking a walk.

4 They are watching TV.

5 I'm not playing a game.

6 He isn't doing a puzzle.

7 Are you keeping a diary?

8 Is he studying English with you?

Listening Quiz

A ⓑ

B 1 Ⅹ 2 ○

해석

1 마이클은 게임을 하고 있다.

2 샘은 티비를 보고 있다.

Dictation

W Adam, are you doing your homework?

B No, Mom. I'm playing a game.

W Is Michael playing a game with you?

B No, he isn't. He is <u>doing</u> a <u>puzzle</u>.

W <u>What</u> is Sam <u>doing</u> then?

B He is <u>watching</u> TV.

W Well, do <u>your</u> <u>homework</u> now.

해석

W 애덤, 너 숙제 하고 있니?

B 아니요, 엄마. 전 게임을 하고 있어요.

W 마이클은 너랑 같이 게임 하고 있어?

B 아니요. 그 애는 퍼즐을 맞추고 있어요.

W 그러면 샘은 뭐 하고 있니?

B 그 애는 TV를 보고 있어요.

W 자, 이제 숙제를 하렴.

Review 21-25 p.78~79

A 1 spinach   2 sport
   3 recorder   4 restaurant
B 1 ⓑ piano   2 ⓑ basketball
   3 ⓑ onion   4 ⓐ food
C 1 hungry   2 grapes
   3 harmonica   4 badminton
   5 playing   6 bread
D 1 O   2 O   3 X
E 1 ⓑ   2 ⓐ   3 ⓐ   4 ⓑ   5 ⓐ

Script

C

1 Are you <u>hungry</u>?

2 I really like <u>grapes</u>.

3 Let's play the <u>harmonica</u> together.

4 Do you want to play <u>badminton</u>?

5 I'm <u>playing</u> a game.

6 I want to eat <u>bread</u> for lunch.

해석

1 당신은 배고픈가요?

2 나는 포도를 정말 좋아해요.

3 같이 하모니카를 연주해요.

4 당신은 배드민턴을 치고 싶나요?

5 나는 게임을 하고 있어요.

6 나는 점심으로 빵을 먹고 싶어요.

D

1 I can play the violin.

2 He is watching TV.

3 I like watermelons.

해석

1 나는 바이올린을 연주할 수 있어요.

2 그는 TV를 보고 있어요.

3 나는 수박을 좋아해요.

E

1 What food do you want to eat?

ⓐ I don't like pizza.

ⓑ I want to eat pizza.

2 Can you play the guitar?

ⓐ No, I can't.

ⓑ Yes, I can play the violin.

3 Why don't we play soccer together?

ⓐ That sounds good.

ⓑ My favorite sport is soccer.

4 What is your favorite vegetable?

ⓐ Carrots are good for you.

ⓑ I like carrots.

5 What are you doing?

ⓐ I'm doing my homework.

ⓑ No, I'm studying English.

해석

1 너는 어떤 음식을 먹고 싶니?

ⓐ 나는 피자를 좋아하지 않아.

ⓑ 나는 피자를 먹고 싶어.

2 넌 기타를 연주할 수 있니?

ⓐ 아니, 못 해.

ⓑ 응, 나는 바이올린을 연주할 수 있어.

3 함께 축구 하지 않을래?

ⓐ 좋은 생각인 것 같아.

ⓑ 내가 가장 좋아하는 운동은 축구야.

4 네가 가장 좋아하는 채소는 뭐야?

ⓐ 당근은 네 건강에 좋아.

ⓑ 나는 당근을 좋아해.

5 너 뭐 하고 있니?

ⓐ 나는 숙제를 하고 있어.

ⓑ 아니, 나는 영어를 공부하고 있어.

26 It's one o'clock. p.82~83

Key Sentences

1 What time is it now?
2 It's eight forty.
3 It's ten to five.
4 It's one o'clock.
5 It's ten past five.
6 Let's meet at three twenty.
7 Let's have lunch at twelve thirty.
8 The movie starts at two fifteen.

Listening Quiz

A ⓐ

B 1 X 2 O

Dictation

B I'm hungry. Let's have lunch.
G What time is it now?
B It's twelve thirty.
G What time does the movie start?
B It starts at two fifteen.
G Then let's have lunch at one o'clock.
B Okay.

해석

B 나 배고파. 우리 점심 먹자.
G 지금 몇 시지?
B 12시 30분이야.
G 영화가 몇 시에 시작하지?
B 2시 15분에 시작해.
G 그럼 1시에 점심 먹자.
B 좋아.

27 What time does the bus leave? p.84~85

Key Sentences

1 Hurry up.
2 We are late.

3 What time does the bus leave?
4 The train will arrive soon.
5 We will miss the train.
6 How long does it take to get to the station?
7 It takes almost an hour.
8 It takes about thirty minutes.

Listening Quiz

A ⓑ

B 1 It takes about thirty minutes to get to the station.

2 It's nine thirty now.

해석

1 역까지 가는 데 30분 정도 걸린다.
2 지금은 9시 30분이다.

Dictation

G Dad, what time does the train leave?
M It leaves at ten o'clock.
G How long does it take to get to the station?
M It takes about thirty minutes.
G Really? What time is it now?
M It's nine thirty. Hurry up, or we will miss the train.

해석

G 아빠, 기차가 몇 시에 출발해요?
M 10시에 출발해.
G 역까지 가는 데 얼마나 걸려요?
M 30분 정도 걸려.
G 정말요? 지금 몇 시예요?
M 9시 30분이야. 서둘러. 그렇지 않으면 우리는 기차를 놓칠 거야.

28 I go to bed at ten. p.86~87

Key Sentences

1 What time do you get up?
2 I go to school at eight thirty.
3 It's time for lunch.
4 I get home at five.
5 I go to bed at ten.

6 Do you have <u>breakfast</u> every day?

7 Let's have <u>dinner</u> together.

8 I <u>brush</u> my <u>teeth</u> after lunch.

A ⓑ

B 1 ○ 2 ✗

해석

1 토미는 7시에 일어난다.

2 토미는 5시 30분에 집에 온다.

Dictation

G Tommy, what <u>time</u> do you <u>get</u> <u>up</u>?

B I <u>get</u> <u>up</u> at <u>seven</u>.

G Do you have <u>breakfast</u> every <u>day</u>?

B Sure. I have <u>breakfast</u> at <u>eight</u>.

G What time do you <u>go</u> to <u>school</u>?

B I go <u>to</u> school at <u>eight</u> <u>thirty</u>.

G What <u>time</u> do you <u>get</u> <u>home</u>?

B I get <u>home</u> at <u>five</u>.

해석

G 토미, 넌 몇 시에 일어나니?

B 난 7시에 일어나.

G 넌 매일 아침식사를 하니?

B 물론이지. 난 8시에 아침식사를 해.

G 넌 몇 시에 학교에 가니?

B 난 8시 30분에 학교에 가.

G 넌 몇 시에 집에 오니?

B 난 5시에 집에 와.

29 I'm wearing a skirt. p.88~89

Key Sentences

1 I like to wear this <u>T-shirt</u>.

2 I'm wearing a <u>skirt</u>.

3 She is wearing a <u>necklace</u>.

4 He is not wearing <u>glasses</u>.

5 Is he wearing a <u>coat</u>?

6 He always wears a <u>hat</u>.

7 She sometimes wears <u>pants</u>.

8 She looks good in a <u>dress</u>.

Listening Quiz

A ⓑ

B 1 Nora is wearing <u>pants</u>.

2 Nora is not wearing <u>a hat</u>.

해석

1 노라는 바지를 입고 있다.

2 노라는 모자를 쓰고 있지 않다.

Dictation

G That's <u>my</u> sister, Nora.

B Is she <u>wearing</u> a <u>dress</u>?

G <u>No</u>, she is wearing <u>pants</u>.

B Is <u>she</u> wearing a <u>hat</u>?

G <u>No</u>, she <u>isn't</u>.

B <u>Is</u> she wearing <u>glasses</u>?

G <u>Yes</u>, you are right.

해석

G 저 사람은 내 언니 노라야.

B 그녀는 원피스를 입고 있니?

G 아니, 그녀는 바지를 입고 있어.

B 그녀는 모자를 쓰고 있어?

G 아니.

B 그녀는 안경을 쓰고 있어?

G 응, 네 말이 맞아.

30 I watch movies in my free time. p.90~91

Key Sentences

1 What do you do in your <u>free</u> <u>time</u>?

2 I <u>watch</u> <u>movies</u> in my free time.

3 I usually <u>read</u> <u>books</u> in my free time.

4 I like to <u>sing</u> <u>songs</u>.

5 What is your <u>hobby</u>?

6 My hobby is <u>drawing</u> <u>pictures</u>.

7 Let's <u>listen</u> to <u>music</u> together.

8 Do you like to <u>watch</u> soccer <u>games</u>?

Listening Quiz

A ⓑ

B 1 ○ 2 ✗

Dictation

G What are you doing?

B I'm drawing a picture.

G Wow, it's wonderful. Do you like to draw pictures?

B Yes, my hobby is drawing pictures. What do you do in your free time?

G I usually listen to music in my free time.

B Really? I like to listen to music, too.

해석

G 너 뭐 하고 있어?

B 난 그림을 그리고 있어.

G 와, 아주 멋지다. 넌 그림 그리는 걸 좋아하니?

B 응, 내 취미는 그림 그리기야. 너는 여가 시간에 뭐 하니?

G 나는 여가 시간에 주로 음악을 들어.

B 정말? 나도 음악 듣는 거 좋아해.

Review 26-30

p.92~93

A 1 brush   2 hobby
  3 dress   4 hurry
B 1 ⓑ skirt   2 ⓐ get up
  3 ⓑ draw   4 ⓐ minute
C 1 dinner   2 leave
  3 glasses   4 thirty
  5 movies   6 bed
D 1 ○   2 ✗   3 ✗
E 1 ⓐ   2 ⓐ   3 ⓑ   4 ⓐ   5 ⓑ

Script

C

1 It's time for dinner.

2 What time does the train leave?

3 She is wearing glasses.

4 Let's have lunch at one thirty.

5 I watch movies in my free time.

6 What time do you go to bed?

해석

1 저녁 먹을 시간이에요.

2 기차는 몇 시에 출발하나요?

3 그녀는 안경을 쓰고 있어요.

4 1시 30분에 점심을 먹읍시다.

5 나는 여가 시간에 영화를 봐요.

6 당신은 몇 시에 잠자리에 드나요?

D

1 I get up at seven o'clock.

2 I read books in my free time.

3 It's three twenty now.

해석

1 나는 7시에 일어나요.

2 나는 여가 시간에 책을 봐요.

3 지금은 3시 20분이에요.

E

1 Is she wearing a necklace?
   ⓐ Yes, you are right.
   ⓑ She sometimes wears pants.

2 Do you have breakfast every day?
   ⓐ Yes, I do.
   ⓑ Let's have breakfast together.

3 What do you do in your free time?
   ⓐ Let's listen to music.
   ⓑ I usually draw pictures in my free time.

4 What time does the movie start?
   ⓐ It starts at eleven fifteen.
   ⓑ It's eleven o'clock now.

5 How long does it take to get to the station?
   ⓐ We will miss the train.
   ⓑ It takes almost an hour.

해석

1 그녀는 목걸이를 하고 있어?
   ⓐ 응, 맞아.
   ⓑ 그녀는 가끔 바지를 입어.

2 너는 매일 아침식사를 하니?
   ⓐ 응, 그래.
   ⓑ 같이 아침 먹자.

3 년 여가 시간에 뭐 해?

ⓐ 음악을 듣자.

ⓑ 나는 여가 시간에 주로 그림을 그려.

4 그 영화는 몇 시에 시작해?

ⓐ 그것은 11시 15분에 시작해.

ⓑ 지금은 11시야.

5 역까지 가는 데 얼마나 걸려?

ⓐ 우리는 기차를 놓칠 거야.

ⓑ 거의 한 시간 걸려.

 I have a headache. p.96~97

Key Sentences

1 I'm very <u>healthy</u>.

2 I have a <u>headache</u>.

3 I don't have a <u>fever</u>.

4 He has a <u>stomachache</u>.

5 She doesn't have an <u>earache</u>.

6 Are you <u>ill</u>?

7 Do you have a <u>cough</u>?

8 Does he have a <u>toothache</u>?

Listening Quiz

A ⓐ

B 1 Michal has a <u>cough</u>.

  2 Ellie has a <u>headache</u>.

해석

  1 마이클은 기침을 한다.

  2 엘리는 두통이 있다.

Dictation

B We are <u>ill</u>. I <u>have</u> a <u>fever</u>. Tom <u>has</u> a <u>toothache</u>. Michael has <u>a cough</u>. Laura <u>has</u> a <u>stomachache</u>. Ellie <u>doesn't have</u> a stomachache, but she <u>has</u> a <u>headache</u>.

해석

B 우리는 아파요. 나는 열이 있어요. 탐은 치통이 있어요. 마이클은 기침을 해요. 로라는 복통이 있어요. 엘리는 복통은 없지만, 두통이 있어요.

32 You should see a doctor. p.98~99

Key Sentences

1 What's <u>wrong</u> with you?

2 I have a <u>runny</u> nose.

3 I caught a <u>cold</u>.

4 Do you have a <u>sore</u> <u>throat</u>?

5 I have to <u>stay</u> <u>home</u>.

6 Did you take some <u>medicine</u>?

7 You should <u>see</u> a <u>doctor</u>.

8 Why don't you <u>get</u> some <u>rest</u>?

Listening Quiz

A ⓑ

B 1 O 2 X

Dictation

G Suho, you look sick. What's <u>wrong</u> <u>with</u> you?

B I <u>caught</u> a <u>cold</u>. I <u>have</u> a <u>runny</u> nose.

G That's too bad. Did you <u>take</u> some <u>medicine</u>?

B Yes, I <u>did</u>. I have to <u>get</u> some <u>rest</u>.

G <u>Why</u> don't you <u>see</u> a <u>doctor</u>?

B Okay. I will.

해석

G 수호야, 너 아파 보여. 어디가 아프니?

B 나 감기에 걸렸어. 콧물이 나와.

G 참 안됐구나. 약 먹었니?

B 응, 먹었어. 난 휴식을 취해야 해.

G 병원에 가 보는 게 어때?

B 알겠어. 그럴게.

33 It's one hundred won. p.100~101

Key Sentences

1 I'm looking for a <u>gift</u> for my mom.

2 It's too <u>expensive</u>.

3 <u>How</u> <u>much</u> is it?

4 It's <u>one</u> <u>hundred</u> won.

5 They are <u>one</u> <u>thousand</u> won.

6 The T-shirt is <u>ten</u> <u>thousand</u> won.

7 These socks are <u>cheap</u>.

8 I'll <u>take</u> it.

Listening Quiz

A ⓑ

B 1 ◯ 2 ✗

Dictation

M May I help you?

G Yes, I'm <u>looking</u> for a <u>gift</u> for my <u>mom</u>. <u>How</u> <u>much</u> is this T-shirt?

M <u>It's</u> fifty <u>thousand</u> won.

G Oh, it's too <u>expensive</u>. How much are <u>these</u> <u>socks</u>?

M They are <u>ten</u> <u>thousand</u> won.

G <u>Ten</u> <u>thousand</u> won? I'll <u>take</u> them.

해석

M 도와드릴까요?

G 네, 전 엄마를 위한 선물을 찾고 있어요. 이 티셔츠는 얼마인가요?

M 5만 원이에요.

G 아, 너무 비싸네요. 이 양말은 얼마예요?

M 만 원이에요.

G 만 원이요? 그거 살게요.

34 I want to exchange this item. p.102~103

Key Sentences

1 I want to <u>buy</u> this.

2 Can I <u>get</u> a yellow one?

3 The bicycle is <u>on</u> <u>sale</u>.

4 The tickets are <u>sold</u> <u>out</u>.

5 I want to <u>exchange</u> this item.

6 Can I get a <u>refund</u> on this bag?

7 My mom <u>bought</u> me these shoes.

8 I bought this muffler <u>online</u>.

Listening Quiz

A ⓐ

B 1 ◯ 2 ✗

Dictation

M <u>Can</u> I <u>help</u> you?

G Yes. My mom <u>bought</u> me this <u>bag</u>. I want to <u>exchange</u> it.

M What's <u>wrong</u> with it?

G I <u>don't</u> <u>like</u> the color. Can I <u>get</u> a <u>yellow</u> one?

M I'm sorry, but the <u>yellow</u> bags are <u>sold</u> <u>out</u>.

G Well, can I get a <u>refund</u> on this?

M No problem.

해석

M 도와드릴까요?

G 네. 엄마가 이 가방을 저에게 사 주셨는데요. 교환하고 싶어서요.

M 가방에 무슨 문제가 있나요?

G 그 색깔을 안 좋아해서요. 노란색 가방을 구할 수 있을까요?

M 죄송하지만, 노란색 가방들은 다 팔렸어요.

G 그럼, 이거 환불을 받을 수 있을까요?

M 문제없어요.

35 May I speak to Jane? p.104~105

Key Sentences

1 May I <u>speak</u> <u>to</u> Jane?

2 I can't <u>hear</u> you well.

3 Could you <u>speak</u> <u>up</u>, please?

4 Can I <u>leave</u> a <u>message</u> for her?

5 <u>Hold</u> <u>on</u>, please.

6 You have the <u>wrong</u> <u>number</u>.

7 The phone is <u>ringing</u>.

8 Please tell her I'll <u>call</u> her tomorrow.

Listening Quiz

A ⓑ

B 1 ◯ 2 ✗

G Hello?

B Hello. <u>This</u> is Jace. <u>May</u> I <u>speak</u> to Hajin?

G Sorry. <u>She</u> is <u>not</u> home right now.

B <u>Can</u> I <u>leave</u> a <u>message</u> for her?

G Sure.

B Please <u>tell</u> her I'll <u>call</u> her <u>tomorrow</u>.

해석

G 여보세요?

B 여보세요. 저 제이스인데요. 하진이와 통화할 수 있을까요?

G 미안해요. 하진이는 지금은 집에 없어요.

B 하진이에게 메시지를 남길 수 있을까요?

G 그럼요.

B 제가 내일 전화하겠다고 하진이에게 전해 주세요.

Review 31-35

p.106~107

A	1 take	2 exchange
	3 ill	4 cold
B	1 ⓐ online	2 ⓑ ring
	3 ⓑ thousand	4 ⓐ headache
C	1 bought	2 throat
	3 speak	4 stomachache
	5 expensive	6 see
D	1 X 2 O 3 O	
E	1 ⓐ 2 ⓑ 3 ⓑ 4 ⓑ 5 ⓐ	

Script

C

1 My mom <u>bought</u> me these shoes.

2 Do you have a sore <u>throat</u>?

3 Could you <u>speak</u> up, please?

4 She doesn't have a <u>stomachache</u>.

5 It's too <u>expensive</u>.

6 You should <u>see</u> a doctor.

해석

1 엄마가 제게 이 신발을 사 주셨어요.

2 당신은 목이 아픈가요?

3 더 크게 말해 줄 수 있나요?

4 그녀는 복통이 없어요.

5 그건 너무 비싸요.

6 당신은 병원에 가야 해요.

D

1 The shoes are sold out.

2 He has a cough.

3 This T-shirt is ten thousand won.

해석

1 그 신발들은 다 팔렸어요.

2 그는 기침을 해요.

3 이 티셔츠는 10,000원이에요.

E

1 Do you have a fever?

　ⓐ Yes, I do.

　ⓑ Yes, I'm very healthy.

2 How much is this T-shirt?

　ⓐ I'm looking for a gift for my mom.

　ⓑ It's fifty thousand won.

3 Can I leave a message for her?

　ⓐ The phone is ringing.

　ⓑ Sure.

4 What's wrong with you?

　ⓐ That's too bad.

　ⓑ I caught a cold.

5 Can I get a refund on this?

　ⓐ No problem.

　ⓑ I'm sorry, but they are sold out.

해석

1 넌 열이 나니?

　ⓐ 응, 그래.

　ⓑ 응, 나는 매우 건강해.

2 이 티셔츠는 얼마인가요?

　ⓐ 저는 엄마를 위한 선물을 찾고 있어요.

　ⓑ 그것은 50,000원이에요.

3 그녀에게 메시지를 남겨도 될까요?

　ⓐ 전화벨이 울리고 있어요.

　ⓑ 당연하죠.

4 너한테 무슨 문제가 있니?

　ⓐ 참 안됐구나.

ⓑ 난 감기에 걸렸어.

5 이걸 환불 받을 수 있을까요?

　　ⓐ 문제없어요.

　　ⓑ 죄송하지만 그것들은 다 팔렸어요.

36 I go to school by bus. p.110~111

Key Sentences

1　This is my car.
2　Let's take a taxi.
3　I go to school by bus.
4　My father goes to work by subway.
5　Do you go to school by bicycle?
6　How long does it take by train?
7　It takes ten minutes on foot.
8　Please board the airplane.

Listening Quiz

A　ⓐ

B　1 X　2 O

Dictation

G　Minju, do you go to school on foot?
B　No, I don't.
G　How do you go to school?
B　I go to school by bicycle. What about you?
G　I go to school by bus.
B　How long does it take by bus?
G　It takes ten minutes.

해석

G 미주야 너는 걸어서 학교에 가니?
B 아니.
G 학교에 어떻게 가는데?
B 나는 자전거를 타고 학교에 가. 넌 어떻게 가?
G 나는 버스를 타고 학교에 가.
B 버스 타면 시간이 얼마나 걸려?
G 10분 걸려.

37 English is my favorite subject. p.112~113

Key Sentences

1　I'm good at music.
2　I'm not good at art.
3　What is your favorite subject?
4　My favorite subject is science.
5　English is my favorite subject.
6　We have Korean class today.
7　Our next class is math.
8　P.E. classes are always fun.

Listening Quiz

A　ⓒ

B　1　Roy's favorite subject is math.
　　2　Roy is not good at music.

해석

　　1　로이가 가장 좋아하는 과목은 수학이다.
　　2　로이는 음악을 잘하지 못한다.

Dictation

G　Roy, what is your favorite subject?
B　My favorite subject is math. How about you?
G　Music is my favorite subject. Do you like music?
B　No, I don't. I'm not good at music.
G　Do you like art?
B　Yes, I do. Art classes are always fun.

해석

G 로이, 네가 가장 좋아하는 과목은 뭐야?
B 내가 가장 좋아하는 과목은 수학이야. 너는?
G 음악이 내가 가장 좋아하는 과목이야. 넌 음악을 좋아해?
B 아니. 난 음악을 잘하지 못해.
G 넌 미술은 좋아하니?
B 응. 미술 수업은 항상 재미있어.

38 The math test was easy.
p.114~115

Key Sentences

1 The math test was easy.
2 The class was boring.
3 Is the play funny?
4 What do you think about the movie?
5 The movie was perfect.
6 I think the book is interesting.
7 I think it was very difficult.
8 Do you think the movie is exciting?

Listening Quiz

A ⓒ

B 1 X 2 O

Dictation

G How was the math test?
B It was difficult.
G Really? I think it was easy.
B Do you like math?
G Yes, I do. Math is very interesting.
B Well, I think math is boring.

해석

G 수학 시험은 어땠어?
B 어려웠어.
G 정말? 난 쉬웠다고 생각해.
B 넌 수학을 좋아하니?
G 응. 수학은 아주 재미있어.
B 음, 난 수학이 지루하다고 생각해.

39 He is smart.
p.116~117

Key Sentences

1 He is smart.
2 He is very handsome.
3 She is shy.
4 Yuna is my best friend.
5 She is always kind.
6 My friend is pretty.
7 He is a very active boy.
8 She is a cute girl.

Listening Quiz

A ⓑ

B 1 O 2 X

Dictation

G Let me introduce my friends. Mina is my best friend. She is very pretty. Grace is an active girl. James is not active, but he is very smart. Sam is always kind. He is also handsome.

해석

G 제 친구들을 소개할게요. 미나는 제 가장 친한 친구예요. 그녀는 매우 예뻐요. 그레이스는 활동적인 여자아이예요. 제임스는 활동적이지는 않지만, 아주 똑똑해요. 샘은 항상 친절해요. 그는 또한 잘생겼어요.

40 I'm taller than you.
p.118~119

Key Sentences

1 He is my older brother.
2 I'm taller than you.
3 I'm much lighter than you.
4 He is heavier than his brother.
5 She is shorter than me.
6 My bag is smaller than yours.
7 My sister is ten years younger than me.
8 Which animal is bigger?

Listening Quiz

A ⓐ

B 1 Jinsu is older than his brother.
  2 Jinsu is taller than his brother.

해석

1 진수는 자기 형제보다 나이가 더 많다.
2 진수는 자기 형제보다 키가 더 크다.

Dictation

G Jinsu, <u>who</u> is <u>that</u> boy?

B He is <u>my brother</u>.

G Is he your <u>older brother</u>?

B <u>No</u>, he is my <u>younger brother</u>. He is <u>two</u> years <u>younger than</u> me.

G He is very <u>tall</u>. Is he <u>taller than</u> you?

B <u>No</u>, he isn't. He is <u>shorter</u> than <u>me</u>.

해석

G 진수야, 저 남자아이는 누구야?

B 그는 내 남자 형제야.

G 네 형이니?

B 아니, 내 남동생이야. 나보다 2살 어려.

G 네 동생은 정말 키가 크구나. 너보다 더 키가 크니?

B 아니. 내 동생은 나보다 더 키가 작아.

Review 36-40

p.120~121

A 1 bicycle   2 active

   3 shorter   4 Korean

B 1 ⓐ taxi   2 ⓑ exciting

   3 ⓐ math   4 ⓑ bigger

C 1 heavier   2 difficult

   3 handsome   4 subway

   5 English   6 shy

D 1 X   2 O   3 X

E 1 ⓐ   2 ⓑ   3 ⓑ   4 ⓐ   5 ⓐ

Script

C

1 My sister is <u>heavier</u> than me.

2 The math test was <u>difficult</u>.

3 He is <u>handsome</u>.

4 How long does it take by <u>subway</u>?

5 We have <u>English</u> class today.

6 He is a very <u>shy</u> boy.

해석

1 우리 누나가 나보다 더 무거워요.

2 수학 시험은 어려웠어요.

3 그는 잘생겼어요.

4 지하철을 타면 시간이 얼마나 걸리나요?

5 우리는 오늘 영어 수업이 있어요.

6 그는 매우 수줍음을 많이 타는 남자아이예요.

D

1 He is very kind.

2 My sister is shorter than me.

3 My father goes to work by car.

해석

1 그는 매우 친절해요.

2 내 여동생은 나보다 키가 작아요.

3 우리 아버지는 자동차를 타고 출근하세요.

E

1 What is your favorite subject?

   ⓐ Science is my favorite subject.

   ⓑ I'm not good at science.

2 Is he your older brother?

   ⓐ No, he is taller than me.

   ⓑ No, he is my younger brother.

3 How do you go to school?

   ⓐ No, I don't.

   ⓑ I go to school by bus.

4 Is she active?

   ⓐ Yes, she is.

   ⓑ She is not smart.

5 How was the math test?

   ⓐ It was easy.

   ⓑ No, it was boring.

해석

1 네가 가장 좋아하는 과목은 뭐야?

   ⓐ 과학이 내가 가장 좋아하는 과목이야.

   ⓑ 나는 과학을 잘하지 못해.

2 그는 네 오빠/형이니?

   ⓐ 아니, 그는 나보다 더 키가 커.

   ⓑ 아니, 그는 내 남동생이야.

3 넌 어떻게 학교에 가니?

   ⓐ 아니, 그렇지 않아.

   ⓑ 나는 버스를 타고 학교에 가.

4 그녀는 활동적이니?
  ⓐ 응, 그래.
  ⓑ 그녀는 똑똑하지 않아.
5 수학 시험은 어땠어?
  ⓐ 쉬웠어.
  ⓑ 아니, 그건 지루했어.

41 I exercise once a week.

p.124~125

Key Sentences

1 I brush my teeth <u>three</u> <u>times</u> a day.
2 Do you like to <u>go</u> <u>hiking</u>?
3 How often do you <u>exercise</u>?
4 We go camping <u>twice</u> a month.
5 I go shopping <u>every</u> <u>day</u>.
6 I <u>go</u> <u>swimming</u> three times a week.
7 I exercise <u>once</u> a week.
8 I <u>go</u> <u>jogging</u> every day.

Listening Quiz

A ⓑ

B 1 Junsu goes <u>swimming</u> twice a week.
  2 Yeju goes hiking <u>once</u> a month.

해석

1 준수는 일주일에 두 번 수영하러 간다.
2 예주는 한 달에 한 번 하이킹을 간다.

Dictation

G Junsu, do you <u>like</u> to go <u>swimming</u>?
B Yes, I do.
G <u>How</u> <u>often</u> do you go <u>swimming</u>?
B I <u>go</u> swimming <u>twice</u> a <u>week</u>. <u>How</u> often do you <u>exercise</u>, Yeju?
G I go <u>jogging</u> <u>every</u> day. I also go <u>hiking</u> <u>once</u> a <u>month</u>.

해석

G 준수야, 넌 수영하러 가는 것을 좋아해?
B 응.
G 넌 얼마나 자주 수영하러 가니?

B 난 일주일에 두 번 수영하러 가. 예주야, 넌 얼마나 자주 운동을 하니?
G 난 매일 조깅하러 가. 한 달에 한 번씩 하이킹도 가고.

42 I'm going to the theater.

p.126~127

Key Sentences

1 I want to go to the <u>library</u>.
2 I'm going to the <u>theater</u>.
3 Do you see the <u>museum</u> over there?
4 Where is the <u>department</u> <u>store</u>?
5 It's <u>across</u> <u>from</u> the school.
6 It's between the <u>hospital</u> and the park.
7 It's next to the <u>post</u> <u>office</u>.
8 I will go to the <u>park</u> tomorrow.

Listening Quiz

A ⓑ

B 1 Ella is going to the <u>post office</u>.
  2 The library is across from the <u>theater</u>.

해석

1 엘라는 우체국에 가고 있다.
2 도서관은 극장 맞은편에 있다.

Dictation

B Hi, Ella. <u>Where</u> are you <u>going</u>?
G I'm <u>going</u> to the <u>post</u> <u>office</u>. How about you?
B I'm going <u>to</u> the <u>library</u>.
G <u>Where</u> is the <u>library</u>?
B Well, do you <u>see</u> the <u>theater</u> over there?
G Yes.
B The <u>library</u> is <u>across</u> from the <u>theater</u>.

해석

B 안녕, 엘라. 어디에 가고 있니?
G 나는 우체국에 가고 있어. 넌?
B 난 도서관에 가고 있어.
G 도서관이 어디 있는데?
B 음, 저기 극장이 보이니?
G 응.
B 도서관은 극장 맞은편에 있어.

43 Turn left at the intersection.

p.128~129

Key Sentences

1 How can I get to the park?
2 Go straight three blocks.
3 It's on your right.
4 It's on the corner.
5 Turn right at the hospital.
6 Turn left at the intersection.
7 Keep walking until you see the library.
8 It's twenty minutes away.

Listening Quiz

A ⓑ

B 1 O 2 X

Dictation

G Excuse me. How can I get to the hospital?
B Go straight two blocks and turn left at the intersection.
G Okay.
B Then, keep walking until you see the hospital. It's on your right. It's twenty minutes away.
G Thank you.

해석

G 실례합니다. 병원에 어떻게 갈 수 있나요?
B 두 블록 직진하시고 교차로에서 좌회전하세요.
G 알겠습니다.
B 그런 다음 병원이 보일 때까지 계속 걸어가세요. 그건 당신의 오른쪽에 있어요. 20분 거리예요.
G 고맙습니다.

44 I like January the most.

p.130~131

Key Sentences

1 Children's Day is in May.
2 I like January the most.
3 My favorite month is August.
4 My school's flea market is in June.
5 My school's sports day is in April.
6 We have a school festival in March.
7 Summer vacation starts in July.
8 My parents' wedding anniversary is in February.

Listening Quiz

A ⓑ

B 1 X 2 O

Dictation

G What is your favorite month?
B My favorite month is May.
G Why?
B We have sports day in May. What month do you like?
G I like July the most. Summer vacation starts in July.

해석

G 넌 몇 월을 가장 좋아해?
B 내가 가장 좋아하는 달은 5월이야.
G 왜?
B 5월에는 학교 운동회가 있거든. 넌 몇 월을 좋아해?
G 난 7월을 가장 좋아해. 여름 방학이 7월에 시작되니까.

45 My birthday is June 2.

p.132~133

Key Sentences

1 What month is your birthday?
2 My birthday is in November.
3 My birthday is June 2(second).
4 My mom's birthday is in December.
5 My dad's birthday is August 3(third).
6 I was born in September.
7 It's March 1(first) today.
8 Hangul Day is October 9(ninth).

Listening Quiz

A ⓒ

B 1 O 2 X

G What <u>month</u> is <u>your</u> <u>birthday</u>?

B My <u>birthday</u> is in <u>December</u>.

G You were <u>born</u> <u>in</u> winter.

B Right. <u>When</u> is your <u>birthday</u>?

G My birthday is <u>September</u> <u>3(third)</u>.

B Oh, what's the date <u>today</u>?

G It's <u>September</u> <u>2(second)</u> today.

해석

G 네 생일은 몇 월이야?

B 내 생일은 12월이야.

G 넌 겨울에 태어났구나.

B 맞아. 네 생일은 언제야?

G 내 생일은 9월 3일이야.

B 아, 오늘이 며칠이지?

G 오늘은 9월 2일이야.

Review 41-45

p.134~135

A	1 exercise	2 August
	3 corner	4 month
B	1 ⓑ February	2 ⓐ turn
	3 ⓑ December	4 ⓐ hospital
C	1 June	2 left
	3 theater	4 once
	5 jogging	6 May
D	1 X 2 O 3 X	
E	1 ⓑ 2 ⓐ 3 ⓑ 4 ⓐ 5 ⓑ	

Script

C

1 I was born in <u>June</u>.

2 Turn <u>left</u> at the intersection.

3 Where is the <u>theater</u>?

4 I go camping <u>once</u> a month.

5 Do you like to go <u>jogging</u>?

6 We have a school festival in <u>May</u>.

해석

1 나는 6월에 태어났어요.

2 교차로에서 왼쪽으로 도세요.

3 극장은 어디에 있나요?

4 나는 한 달에 한 번 캠핑을 가요.

5 당신은 조깅하러 가는 것을 좋아하나요?

6 우리는 5월에 학교 축제가 있어요.

D

1 I'm going to the museum.

2 It's October 3(third) today.

3 My birthday is in April.

해석

1 나는 박물관에 가고 있어요.

2 오늘은 10월 3일이에요.

3 내 생일은 4월이에요.

E

1 What is your favorite month?
　ⓐ Oh, I see!
　ⓑ I like April the most.

2 How can I get to the hospital?
　ⓐ Go straight and turn right.
　ⓑ It's ten minutes away.

3 Where are you going?
　ⓐ I will go to the post office tomorrow.
　ⓑ I'm going to the post office.

4 When is your birthday?
　ⓐ My birthday is September 2.
　ⓑ It's October 1 today.

5 How often do you go swimming?
　ⓐ Yes, I do.
　ⓑ I go swimming once a week.

해석

1 넌 몇 월을 가장 좋아하니?
　ⓐ 아, 그렇구나!
　ⓑ 나는 4월을 가장 좋아해.

2 병원까지 어떻게 가요?
　ⓐ 직진하다가 오른쪽으로 꺾으세요.
　ⓑ 10분 떨어진 거리에 있어요.

3 너 어디 가고 있니?
　ⓐ 나는 내일 우체국에 갈 거야.
　ⓑ 나는 우체국에 가고 있어.

4 네 생일은 언제니?
ⓐ 내 생일은 9월 2일이야.
ⓑ 오늘은 10월 1일이야.

5 너는 얼마나 자주 수영하러 가니?
ⓐ 응, 그래.
ⓑ 나는 일주일에 한 번 수영하러 가.

46 I'm going to travel abroad.
p.138~139

Key Sentences

1 What are you going to do this vacation?
2 I'm going to learn Chinese.
3 I'm going to travel abroad.
4 I plan to join a ski club.
5 I plan to practice the guitar.
6 I will jump rope every day.
7 I will go camping with my family.
8 I will go fishing during vacation.

Listening Quiz

A ⓑ
B 1 O 2 X

Dictation

B What are you going to do this vacation?
G I'm going to join a ski club. What is your plan?
B I plan to practice the guitar every day.
G That's nice. Do you have any other plans?
B Yes, I'm going to learn Chinese.
G Wow, you will have a busy vacation.

해석

B 넌 이번 방학 때 무엇을 할 예정이야?
G 난 스키 클럽에 가입할 예정이야. 네 계획은 뭐야?
B 난 매일 기타를 연습할 계획이야.
G 멋지다. 다른 계획도 가지고 있어?
B 응, 난 중국어를 배울 예정이야.
G 우와, 넌 바쁜 방학을 보낼 거구나.

47 I visited my grandparents.
p.140~141

Key Sentences

1 I visited my grandparents.
2 I went to the beach yesterday.
3 We saw a nice view.
4 I took a lot of pictures.
5 After lunch, I drank orange juice.
6 I ate various foods for lunch.
7 I had a good time with my family.
8 I helped my mother.

Listening Quiz

A ⓒ
B 1 X 2 O

Dictation

B I went to Busan yesterday. I visited my grandparents. We ate various foods for lunch. After lunch, we went to the beach. We saw a nice view. I took a lot of pictures. I had a good time with my family.

해석

B 나는 어제 부산에 갔어요. 나는 조부모님을 방문했어요. 우리는 점심으로 다양한 음식을 먹었어요. 점심식사 후에 우리는 해변에 갔어요. 우리는 멋진 풍경을 보았어요. 나는 많은 사진들을 찍었어요. 나는 가족과 함께 즐거운 시간을 보냈어요.

48 I met my friends yesterday.
p.142~143

Key Sentences

1 What did you do on the weekend?
2 I cleaned the room yesterday.
3 I played soccer with my friends.
4 I met my friends yesterday.
5 I made cookies with my mother.
6 We studied hard together.

7 I rode my bike last Sunday.

8 I went skating last weekend.

A ⓒ

B 1 X 2 O

G How was your weekend?

B It was great.

G What did you do?

B I met my friends, and we played soccer.

G Wow, you had a great weekend.

B Did you have a good weekend, too?

G Yes, I rode my bike.

해석

G 주말 어땠어?

B 아주 좋았어.

G 뭐 했는데?

B 난 친구들을 만나서 축구 했어.

G 와, 넌 멋진 주말을 보냈구나.

B 너도 좋은 주말 보냈니?

G 응, 난 자전거를 탔어.

---

49 Please come to my party.
p.144~145

Key Sentences

1 I have a birthday party tomorrow.

2 We have graduation next week.

3 Please come to my party.

4 Can you come to my piano recital?

5 Will you come to my birthday party?

6 Do you have any other plans for this week?

7 Would you like to come to my graduation?

8 I will go to Jack's birthday party tonight.

Listening Quiz

A ⓑ

B 1 O 2 X

B When is your piano recital?

G It's tonight. Would you like to come to my piano recital?

B Of course. By the way, my birthday is tomorrow. Can you come to my birthday party?

G Tomorrow? Sorry. I can't. I will go to my sister's graduation.

해석

B 네 피아노 연주회는 언제야?

G 오늘 저녁이야. 내 피아노 연주회에 올래?

B 물론이지. 그건 그렇고, 내 생일이 내일이야. 내 생일파티에 올 수 있겠니?

G 내일이라고? 미안. 갈 수 없어. 난 언니 졸업식에 가야 해.

---

50 Let's save the Earth together.
p.146~147

Key Sentences

1 Let's save the Earth together.

2 We need to save water.

3 We have to recycle cans and bottles.

4 We should save energy.

5 I will take a short shower.

6 Did you turn off the lights?

7 We can use shopping bags.

8 It is important to plant trees.

Listening Quiz

A ⓐ

B 1 X 2 O

Dictation

B We should save the Earth.

G What can we do?

B First, we can recycle cans and bottles. We can also use shopping bags.

G That's a great idea! What else can we do?

B We can save energy.

G You are right. Let's turn off the lights.

해석

B 우리는 지구를 구해야 해.

G 우리가 무엇을 할 수 있을까?

B 우선, 우리는 캔과 병을 재활용할 수 있어. 또 우리는 장바구니도 사용할 수 있어.

G 좋은 생각이야! 우리가 또 무엇을 할 수 있을까?

B 우리는 에너지를 절약할 수 있어.

G 네 말이 맞아. 불을 끄자.

Review 46-50
p.148~149

A 1 saw   2 travel
   3 plant   4 graduation
B 1 ⓑ ate   2 ⓐ tonight
   3 ⓐ vacation   4 ⓑ energy
C 1 went   2 practice
   3 cleaned   4 rode
   5 energy   6 visited
D 1 X   2 O   3 X
E 1 ⓑ   2 ⓐ   3 ⓐ   4 ⓐ   5 ⓑ

Script

C

1 I went to the beach.

2 I plan to practice the guitar.

3 I cleaned the room yesterday.

4 I rode my bike last weekend.

5 We have to save energy.

6 I visited my grandparents.

해석

1 나는 해변에 있어요.

2 나는 기타를 연습할 계획이에요.

3 나는 어제 방을 청소했어요.

4 나는 지난 주말에 자전거를 탔어요.

5 우리는 에너지를 절약해야 해요.

6 나는 조부모님을 방문했어요.

D

1 I drank orange juice.

2 We played soccer together.

3 I'm going to go fishing.

해석

1 나는 오렌지 주스를 마셨어요.

2 우리는 함께 축구를 했어요.

3 나는 낚시를 갈 예정이에요.

E

1 How was your weekend?
   ⓐ Sorry. I can't.
   ⓑ It was great.

2 Would you like to come to my birthday party?
   ⓐ Of course.
   ⓑ It's tonight.

3 What did you do on the weekend?
   ⓐ I made cookies with my mother.
   ⓑ Wow, you had a great weekend.

4 We should save water.
   ⓐ You are right.
   ⓑ It's important to plant trees.

5 What are you going to do this vacation?
   ⓐ That's a great idea.
   ⓑ I'm going to learn Chinese.

해석

1 주말 어땠어?
   ⓐ 미안. 갈 수 없어.
   ⓑ 아주 좋았어.

2 내 생일파티에 올 수 있니?
   ⓐ 물론이지.
   ⓑ 오늘 저녁이야.

3 넌 주말에 무엇을 했니?
   ⓐ 나는 어머니와 함께 쿠키를 만들었어.
   ⓑ 와, 넌 멋진 주말을 보냈구나.

4 우리는 물을 절약해야 해.
   ⓐ 네 말이 맞아.
   ⓑ 나무를 심는 것은 중요해.

5 넌 이번 방학 때 무엇을 할 예정이야?
   ⓐ 좋은 생각이야.
   ⓑ 나는 중국어를 배울 예정이야.

1회 영어 듣기평가 모의고사 p.152~155

1 ③	2 ④	3 ②	4 ②	5 ①	6 ④	7 ①
8 ③	9 ③	10 ②	11 ③	12 ②	13 ①	14 ③
15 ④	16 ②	17 ②	18 ①	19 ④	20 ③	

Script

01

B Good morning. How are you today?

G ① I'm tired.

② I'm angry.

③ I'm good.

④ I'm studying.

해석

B 좋은 아침이야. 오늘 상태가 어때?

G ① 난 피곤해.

② 난 화가 나.

③ 난 상태가 좋아.

④ 난 공부하고 있어.

02

G Who is this in the picture?

B She is my cousin.

G Wow, she looks so pretty.

해석

G 사진 속 이 사람은 누구야?

B 그녀는 내 사촌이야.

G 와, 그녀는 정말 예쁘구나.

03

B Nice to meet you.

G Nice to meet you, too. Where are you from?

B I'm from Canada. Are you from America?

G No, I'm not. I'm from Italy.

해석

B 만나서 반가워.

G 나도 만나서 반가워. 넌 어느 나라 출신이야?

B 난 캐나다 출신이야. 너는 미국 출신이니?

G 아니. 나는 이탈리아 출신이야.

04

B What is your favorite subject?

G My favorite subject is math. How about you?

B P.E. is my favorite subject. It's exciting.

해석

B 넌 가장 좋아하는 과목이 뭐니?

G 내가 가장 좋아하는 과목은 수학이야. 너는?

B 체육이 내가 가장 좋아하는 과목이야. 그건 신나.

05

G Let's have lunch.

B Good. I want to eat a hamburger.

G Well, I don't like hamburgers. How about a pizza?

B That sounds great. Let's have pizza.

해석

G 점심 먹자.

B 좋아. 난 햄버거를 먹고 싶어.

G 음, 난 햄버거를 좋아하지 않아. 피자는 어때?

B 좋은 생각이야. 우리 피자 먹자.

06

B Minji, where are you?

G I'm in the living room.

B What are you doing there?

G ① I'm in my bedroom.

② I'm doing a puzzle.

③ I'm going to the library.

④ I'm watching TV.

해석

B 민지야, 너 어디 있니?

G 난 거실에 있어.

B 거기서 뭐 하고 있어?

G ① 나는 내 침실에 있어.

② 나는 퍼즐을 맞추고 있어.

③ 나는 도서관에 가고 있어.

④ 나는 TV를 보고 있어.

07

G What's your favorite month?

B I like July the most. How about you?

G I like May the most. Because Children's Day is in May!

해석

G 네가 가장 좋아하는 달은 언제야?

B 난 7월을 가장 좋아해. 너는?

G 나는 5월이 가장 좋아. 왜냐하면 어린이날이 5월에 있으니깨

08

B I get up at seven thirty. I have breakfast at eight o'clock. After breakfast, I brush my teeth. I go to school at eight forty.

해석

B 나는 7시 30분에 일어납니다. 8시에는 아침을 먹습니다. 아침식사 후에 나는 이를 닦습니다. 8시 40분에는 학교에 갑니다.

09

B My dog is very cute.

G Is your dog small?

B No, it isn't. It's big and fat.

G Does your dog have a long tail?

B No, it has a short tail. It also has short legs.

해석

B 내 개는 아주 귀여워.

G 네 개는 작니?

B 아니. 내 개는 크고 뚱뚱해.

G 네 개는 긴 꼬리를 가지고 있니?

B 아니, 내 개는 짧은 꼬리를 가지고 있어. 다리도 짧아.

10

G Can you play the harmonica?

B No, I can't.

G Can you play the guitar?

B No, but I can play the violin.

해석

G 너 하모니카 연주할 수 있어?

B 아니, 못 해.

G 기타는 연주할 수 있어?

B 아니, 하지만 바이올린은 연주할 수 있어.

11

M May I help you?

G Yes, please. How much is this notebook?

M It's three thousand won.

G Okay. Then how much is this pencil?

M It's five hundred won.

해석

M 도와드릴까요?

G 네. 이 공책은 얼마인가요?

M 그것은 3,000원이에요.

G 알았어요. 그럼 이 연필은 얼마예요?

M 그것은 500원이에요.

12

B ① I hate apples.

② I like apples.

③ I love carrots.

④ I don't like grapes.

해석

B ① 나는 사과를 싫어해.

② 나는 사과를 좋아해.

③ 나는 당근을 아주 좋아해.

④ 나는 포도를 안 좋아해.

13

G Look at that ostrich over there. It's so big!

B Right. But I want to see a lion.

G Do you like lions?

B Yes, I do. They are very strong.

G Oh, look! There is a lion over there.

해석

G 저기 있는 타조를 봐. 아주 커!

B 맞아. 하지만 나는 사자를 보고 싶어.

G 넌 사자를 좋아하니?

B 응. 사자들은 아주 힘이 세.

G 아, 봐! 저기에 사자가 있어.

14

G What day is it today?

B It's Tuesday.

G Do you have English class today?

B No, I have English class every Thursday.

해석

G 오늘 무슨 요일이지?

B 화요일이야.

G 너 오늘 영어 수업 있니?

B 아니, 난 목요일마다 영어 수업이 있어.

15

G Jenny is my best friend.

B Really? She looks so pretty.

G Yes, she has big eyes.

B Is she shy?

G No, she is very active. She likes to play basketball.

해석

G 제니는 내 가장 친한 친구야.

B 진짜? 그녀는 아주 예뻐 보여.

G 응, 그녀는 커다란 눈을 가지고 있어.

B 그녀는 수줍음을 많이 타니?

G 아니, 그녀는 아주 활동적이야. 농구 하는 걸 좋아해.

16

① W May I speak to Bob?

　B Hold on, please.

② W Can you open the door?

　B Sure.

③ W Close the window, please.

　B Okay.

④ W Where is my bag?

　B It's in front of the door.

해석

① W 밥과 통화할 수 있을까?

　B 끊지 말고 기다려 주세요.

② W 문을 열어 줄 수 있니?

　B 물론이죠.

③ W 창문을 닫아 줘.

　B 알겠어요.

④ W 내 가방이 어디 있지?

　B 문 앞에 있어요.

17

G Junho, can you swim?

B Yes, I can. I like to go swimming in my free time.

G How often do you go swimming?

B I go swimming twice a week.

해석

G 준호야, 너 수영할 줄 아니?

B 응, 할 수 있어. 난 여가 시간에 수영하는 것을 좋아해.

G 넌 얼마나 자주 수영하러 가?

B 나는 일주일에 두 번 수영하러 가.

18

G It's sunny today. Let's play baseball.

B Sorry. I can't play baseball. How about basketball?

G I don't like to play basketball. Why don't we play table tennis?

B That's a good idea.

해석

G 오늘 날씨가 맑아. 우리 야구 하자.

B 미안. 난 야구를 할 줄 몰라. 농구는 어때?

G 난 농구 하는 거 안 좋아해. 우리 같이 탁구 치는 건 어때?

B 좋은 생각이야.

19

B What are you going to do this winter vacation?

G I'm going to travel abroad with my family.

B Wow, that sounds great. Where are you going?

G I'm going to go to Japan. My uncle lives there.

해석

B 넌 이번 겨울방학 때 무엇을 할 예정이니?

G 나는 가족과 함께 해외여행을 갈 예정이야.

B 와, 좋겠다. 어디 가는데?

G 나는 일본에 갈 거야. 삼촌이 거기 살거든.

20

G Where is Tina?

B She is over there.

G Is she wearing a skirt?

B No, she is wearing pants.

G Is she wearing red pants?

B No, she is wearing yellow pants.

해석

G 티나는 어디에 있니?

B 저기에 있어.

G 티나는 치마를 입고 있어?

B 아니, 그녀는 바지를 입고 있어.

G 티나는 빨간색 바지를 입고 있어?

B 아니, 그녀는 노란색 바지를 입고 있어.

2회 영어 듣기평가 모의고사 p.156~159

1 ④	2 ③	3 ③	4 ②	5 ①	6 ③	7 ④
8 ③	9 ①	10 ③	11 ②	12 ④	13 ③	14 ④
15 ②	16 ②	17 ③	18 ③	19 ④	20 ④	

Script

01

B How's the weather today?

G ① It's sunny.

  ② It's cloudy.

  ③ It's foggy.

  ④ It's windy.

해석

B 오늘은 날씨가 어때?

G ① 날이 맑아.

  ② 날이 흐려.

  ③ 안개가 꼈어.

  ④ 바람이 불어.

02

W Minsu, where are you?

B I'm in the living room.

W Is your grandmother in the living room, too?

B No, she isn't. She is in the bathroom.

해석

W 민수야, 어디에 있니?

B 저 거실에 있어요.

W 할머니도 거실에 계시니?

B 아니요. 할머니는 화장실에 계세요.

03

G What do you do in your free time?

B I usually read books. What's your hobby?

G My hobby is drawing pictures.

해석

G 너는 여가 시간에 뭐 하니?

B 나는 주로 책을 읽어. 너는 취미가 뭐야?

G 내 취미는 그림 그리기야.

04

G Who is this in the picture?

B She is my mother.

G Is she a teacher?

B No, she isn't. She is a police officer.

G Wow, that's wonderful!

해석

G 사진 속 이분은 누구시니?

B 그분은 내 어머니야.

G 그분은 교사시니?

B 아니. 그분은 경찰관이셔.

G 우와, 아주 멋지시다!

05

G Thomas, what did you do on the weekend?

B I played basketball with my friends. How about you?

G I went to the beach with my grandparents.

B Wow, you had a great weekend.

해석

G 토마스, 주말에 뭐 했어?

B 나는 친구들과 농구를 했어. 너는?

G 나는 조부모님과 함께 해변에 갔어.

B 와, 넌 멋진 주말을 보냈구나.

06

G Jace, can you ski?

B No, but I can skate. How about you?

G I can ski very well, but I can't skate.

해석

G 제이스, 넌 스키 탈 수 있어?

B 아니, 그런데 스케이트는 탈 수 있어. 넌 어때?

G 나는 스키를 아주 잘 탈 수 있지만 스케이트는 못 타.

07

G Sam, do you go to school on foot?

B No, I don't. It's too far from my house.

G Then do you go to school by bus?

B No, I don't. I go to school by bicycle.

해석

G 샘, 너는 걸어서 학교에 가니?

B 아니. 우리 집에서 너무 멀어.

195

G 그럼 버스 타고 학교에 가?

B 아니. 난 자전거 타고 학교에 가.

08

G Tom, you look happy today.

B Yes, today is my birthday! When is your birthday?

G My birthday is November 3. It's tomorrow.

해석

G 탐, 너 오늘 행복해 보여.

B 응, 오늘은 내 생일이거든. 네 생일은 언제야?

G 내 생일은 11월 3일이야. 내일이야.

09

B Mom, where is my dictionary?

W ① It's on the table.

② It's under the table.

③ It's between the chairs.

④ It's next to the bottle.

해석

B 엄마, 제 사전 어디 있어요?

W ① 그것은 테이블 위에 있어.

② 그것은 테이블 아래에 있어.

③ 그것은 의자들 사이에 있어.

④ 그것은 병 옆에 있어.

10

G My sister is so pretty.

B Really? What does she look like?

G She has blond hair and big eyes.

B Does she have short hair?

G No, she has long hair.

해석

G 내 여동생은 아주 예뻐.

B 정말? 그녀는 어떻게 생겼어?

G 내 여동생은 금발 머리와 커다란 눈을 가지고 있어.

B 그녀는 짧은 머리를 가지고 있니?

G 아니, 그녀는 긴 머리를 가지고 있어.

11

G Is this green wallet yours?

B No, it isn't. My wallet is blue.

G Then is this blue bag yours?

B No, it isn't. My bag is gray.

해석

G 이 초록색 지갑 네 거야?

B 아니야. 내 지갑은 .파란색이야.

G 그럼 이 파란색 가방은 네 거야?

B 아니야. 내 가방은 회색이야.

12

B What time is it now?

G ① It's eleven o'clock.

② It's ten fifteen.

③ It's ten to eleven.

④ It's eleven ten.

해석

B 지금 몇 시인가요?

G ① 11시예요.

② 10시 15분이에요.

③ 11시 10분 전이에요.

④ 11시 10분이에요.

13

G ① Let's turn off the lights.

② Let's use a shopping bag.

③ We have to recycle bottles.

④ We have to save water.

해석

G ① 불을 끄자.

② 장바구니를 사용하자.

③ 우리는 병을 재활용해야 해.

④ 우리는 물을 절약해야 해.

14

G What do you think about the movie?

B I think it was boring.

G Really? I think the movie was exciting. It was perfect.

해석

G 그 영화에 대해 어떻게 생각해?

B 난 지루했다고 생각해.

G 정말? 나는 흥미진진했다고 생각하는데. 그것은 완벽했어.

15

B Lily, what's wrong with you?

G I caught a cold.

B Do you have a fever?

G No, I don't. I have a cough.

B Well, you should take some medicine.

해석

B 릴리, 너 어디 아프니?

G 나 감기에 걸렸어.

B 너 열이 나니?

G 아니. 난 기침이 나와.

B 음, 너 약을 먹어야겠다.

16

G Would you like to come to my birthday party tomorrow?

B ① That's too bad.

② Sorry. I can't.

③ Can you come to my birthday party?

④ My birthday is March 1(first).

해석

B 내일 내 생일파티에 올래?

G ① 참 안됐구나.

② 미안해. 못 가.

③ 내 생일파티에 올 수 있어?

④ 내 생일은 3월 1일이야.

17

G Do you have any brothers or sisters?

B Yes, I have a younger sister.

G How old is she?

B She is ten years old. She is two years younger than me.

해석

G 너 남자 형제나 여자 형제 있니?

B 응, 나는 여동생이 한 명 있어.

G 그녀는 몇 살이야?

B 그녀는 10살이야. 나보다 2살 어려.

18

① G How often do you go camping?

B I go camping once a month.

② G Let's have lunch together.

B That's a good idea.

③ G Can I get a refund on this bag?

M Yes, it is too expensive

④ W May I help you?

B Yes, I'm looking for a gift for my dad.

해석

① G 넌 얼마나 자주 캠핑하러 가니?

B 난 한 달에 한 번 캠핑하러 가.

② G 같이 점심 먹자.

B 좋은 생각이야.

③ G 이 가방을 환불 받을 수 있을까요?

M 네, 그것은 너무 비싸요.

④ W 도와드릴까요?

B 네, 전 아빠를 위한 선물을 찾고 있어요.

19

G Excuse me. How can I get to the library?

B Go straight and turn right at the intersection. It's on your right. It's across from the hospital.

G Thank you.

해석

G 실례합니다. 도서관에 어떻게 갈 수 있나요?

B 앞으로 쭉 가서 교차로에서 오른쪽으로 도세요. 도서관은 당신의 오른쪽에 있어요. 도서관은 병원 건너편에 있어요.

G 감사합니다.

20

B Hello. This is David. May I speak to Sara?

W Sorry. She is not home. Do you want to leave a message for her?

B Yes, please. I'm sick, so I can't play badminton with her today.

해석

B 여보세요. 전 데이비드예요. 사라랑 통화할 수 있을까요?

W 미안해. 그녀는 집에 없어. 사라에게 메시지를 남기고 싶니?

B 네. 제가 아파서 오늘 같이 배드민턴을 칠 수 없어요.

MEMO